Michael Koch

GRILLEN

Die besten Rezepte und Grill-Techniken für Einsteiger und Experten

INHALT

LEGENDE

 X Port. Portionen  20 Min. Zubereitungszeit 30 Min. Grill-/Back-/Brat-Zeit Direktes Grillen Indirektes Grillen oder Smoken

Meine Passion: das Grillen

Ich kann mich noch genau daran erinnern, wie ich als kleiner Junge meine erste Thüringer Bratwurst in den Händen hielt. Eingeklemmt in einem Brötchen mit etwas Ketchup. Was für ein Genuss! Damals konnte ich noch nicht ahnen, was die große weite Grillwelt alles für mich bereithalten würde.

Die ersten Versuche unternahm ich unter der sachkundigen Anleitung meines Vaters und Großvaters: Grillwürste wenden, Nackensteaks marinieren oder Kartoffeln in Alufolie wickeln. Nach der Schule entschied ich mich für eine Ausbildung zum Koch und wurde einige Jahre später Foodstylist und Kochbuchautor.

Bis heute ist meine Faszination für das Grillen ungebrochen. Ob offenes Feuer, Holzkohle, Gas, Smoker oder 800-Grad-Grill: jede Methode hat ihre Besonderheit. Das beste Grillfeeling bietet für mich aber immer noch Feuer oder Holzkohle. Wenn es mal schnell gehen soll, nehme ich den Gas- oder Infrarotgrill. Und wer einmal gesmokte Ribs probiert hat, wird nichts anderes mehr wollen.

Mittlerweile hat sich die Art und Weise wie wir grillen stark weiter entwickelt. Noch in den 80er-Jahren wurde alles hauptsächlich auf Holzkohle gut durchgegrillt. Heute sieht das zum Glück anders aus. Es gibt für jeden Geldbeutel und jeden Geschmack ganz unterschiedliches Zubehör und verschiedene Grills. Durch gute Lieferwege steht ein großes Angebot an tollen Zutaten zur Verfügung, die man früher nicht bekam. Auch diverse Grilltechniken sind dazugekommen – wie Sie in diesem Buch noch erfahren werden.

Ich glaube, der Hauptgrund, warum wir alle so gerne grillen, besteht in der Geselligkeit. In jeder Kultur ist Feuer und das Zubereiten von Essen der zentrale Mittelpunkt der Gemeinschaft. Beides dient damals wie heute nicht nur der Nahrungsaufnahme, sondern auch als Treffpunkt für Freunde und Familie. Auch große Ereignisse wie Geburtstage oder Hochzeiten werden bis heute auf der ganzen Welt mit Grillfesten gefeiert.

Wo auch immer ich Neues für den Grill entdecke, ob auf Reisen, in Büchern oder im Internet: Alles wird probiert und mit Freuden geteilt. Erlaubt ist, was schmeckt und natürlich Spaß macht. Und wenn mal was schiefgeht, dann wird es beim nächsten Mal nur besser!

Auf die Plätze, fertig und Grill an!

Ihr Michael Koch

Am Anfang war das Feuer

Das heutige Grillen ist und war die wohl ursprünglichste und älteste Methode, um Nahrung zuzubereiten. Wie so viele Errungenschaften unseres modernen Lebens, ist es bestimmt einem wunderbaren Zufall geschuldet, dass unsere Vorfahren vor rund 300 000 Jahren damit begannen, ihre frisch erlegte Beute über dem offenen Feuer zu garen. Beweise dafür liefern Funde aus verschiedenen Ausgrabungen, bei denen an Feuerstellen versteinerte Fleischreste in Holzkohle gefunden wurden.

Was die Technik des Grillens betrifft, waren unsere Vorfahren äußerst erfinderisch. In Frankreich und China entdeckten Forscher heiße Steine, die wohl als älteste Grillstellen der Menschheit die nächste Stufe des heutigen Grillens einläuteten.

Ebenfalls bekannt ist, dass die Römer schon im 4. Jahrhundert eigens angefertigte Grillroste verwendeten. Die Gauchos Argentiniens spannten große Rinderteile, ganze Schafe oder Ziegen auf ein Eisenkreuz und ließen es über mehrere Stunden an einem Bodenfeuer garen. Diese Methode gehört in Argentinien zu den beliebtesten Zubereitungsarten – bis heute.

Das Wort BBQ stammt vermutlich aus dem Wortschatz eines haitianischen Indianerstammes und bedeutet „Fleischspieß über dem Feuer grillen". Kreolische Sklaven brachten nicht nur den Begriff, sondern erstmals auch exotische Würzrezepte auf das amerikanische Festland. Davor wurde Fleisch lange Zeit ungewürzt gegessen. Bis heute ist die kreolische bzw. Cajunküche der Südstaaten für ihre Schärfe bekannt und beliebt.

Eine andere Theorie besagt, dass im 17. Jahrhundert französische Trapper in Amerika ganze Bisons grillten und dieses Verfahren „Barbe-à-queue" nannten, was so viel bedeutet wie vom Bart bis zum Schwanz. Nicht nur Bisons, auch Elche und Nashörner standen damals auf dem Speiseplan unserer Vorfahren.

Während in Ägypten Hyänen und Krokodile als Delikatesse galten, wurde bei den Römern die erste Bratwurst serviert. Diese ließen sie sich meist von Sklaven zubereiten, denn jahrhundertelang war das Grillen von Fleischstücken den Reichen vorbehalten. Kaum jemand konnte sich teures Fleisch leisten und überlegte es sich daher gut, ob er das wertvolle Fett ins Feuer tropfen ließ.

In Deuschland wurde 1450 dann als erste Grillwurst die Thüringer Rostbratwurst erfunden. An aufwendigere Grillzubereitung war damals aber noch nicht zu denken – das dauerte noch eine Weile.

Um 1930 zur Zeit der großen Depression in den USA erlangte das Grillen neue Popularität. George Stephen erfand 1951 den ersten Kugelgrill und somit auch das Grillen bei indirekter Hitze, bei der das Grillgut im geschlossenen Grill langsam garte. Stephen wollte sich durch ein vorhergesagtes Gewitter seine Grillparty nicht verderben lassen und baute aus den Werkstoffen seines Arbeitgebers „Weber Brothers Metal Work" den ersten Kugelgrill zusammen. Das war die Geburtsstunde des bekannten Weber Kugelgrills, der sich bis heute großer Beliebtheit erfreut. Er entfachte bei den Amerikanern die Begeisterung für das Grillen, die ihrerseits diese Grilltechnik während der Besatzung mit nach Deutschland brachten.

GRILLEN WELTWEIT

❶ Südkorea

Koreanisches BBQ bringt alle an einen Tisch. Nicht nur privat, sondern auch im Restaurant ist dort das Grillen an einem Tischgrill sehr beliebt. Jeder legt auf, was ihm schmeckt, ähnlich wie bei unserem Raclette. Das Gogigui hat sich mittlerweile zu einem weltweiten Foodtrend entwickelt. Gegrillt werden hauptsächlich dünn geschnittenes Rindfleisch, Schweinebauch und viel Gemüse, je nach Region auch Fisch, Meeresfrüchte und Geflügel. Traditionell reicht man dazu scharfe Saucen mit Chilipaste oder Knoblauch, Kimchi, eingelegtes Gemüse und Salate.

❷ Japan

Wenige wissen, dass Japan schon sehr lange eine ausgeprägte Grillkultur hat. Yakiniku ist die japanische Form des Grillens: Mundgerechte Fleischstücke werden über einer offenen Holzkohleflamme auf einem Gitterrost gegrillt und dann in Tare, eine Sauce aus Sake, Mirin, Sojasauce und Gewürzen, getaucht. Gegrillt wird auf Konro- oder Hibachi-Grills. Diese bestehen aus Keramikwänden und sind ähnlich wie eine Kiste nach oben geöffnet. Durch die gute Isolierung kann man damit sehr lange und sehr heiß grillen. Die wohl bekanntesten Gerichte sind Yakitori oder Teriyaki. In speziellen Robatayaki-Restaurants wird an einem Robatagrill gegrillt. Dabei sitzt man direkt an der Theke und wählt sich sein Grillgut aus, das dann ein Koch vor den Augen des Gasts zubereitet. In ländlichen Gegenden kann man diese Methode noch traditioneller erleben: Irori, „der versunkene Herd", ist eine rechteckige Holzöffnung im Fußboden, die mit Sand und glühender Kohle gefüllt ist, an der dann im Sitzen gegrillt wird.

❸ USA

Die wohl bekannteste BBQ-Nation der Erde vor oder nach den Argentiniern (keiner weiß es so genau) zeichnet sich durch ihre große Tradition und regionale Vielfalt aus. Es wird indirekt heiß geräuchert, in großen Smokern oder sogenannten Pits.

Das sind riesige Öfen in BBQ-Restaurants, die nur vom Pitmaster bedient werden. Sie sind das Herzstück eines jeden BBQs. Die Erfahrung des Pitmasters und der Umgang mit Feuer, Rauch und Fleisch machen ihn zum Aushängeschild eines jeden solchen Restaurants. Landesweit wird gesmoked, es gibt nur hin und wieder regionale Unterschiede bei Fleischcuts, Würzung und den dazugehörigen Saucen. Zubereitet werden überwiegend große Fleischstücke wie Rinderbrust (Brisket), Schweineschulter (Pulled Pork), Fleischrippchen (Spareribs), halbe Hähnchen, Würste und hin und wieder auch mal ein ganzes Schwein (Hole Hog BBQ).

❹ Südafrika

In keinem anderen Teil des Kontinents wird das sogenannte Braaien/Grillen so ernst genommen wie hier. Es ist fast schon eine patriotische Pflicht. Das fängt bei der Auswahl des Feuerholzes an: Teilweise kombinieren die Südafrikaner bis zu vier Sorten, um ein bestimmtes Geschmacksprofil zu erreichen. Ob Rooikrans oder Karoo-Holz: Hauptsache hart und trocken. Gegrillt wird auf dem offenen Feuer an speziellen Braaigrills, die meist einen höhenverstellbaren Rost haben und einen guten Kamin, da Holzfeuer ordentlich rauchen. Des Deutschen Bratwurst ist dem Südafrikaner seine Boerewors. Das sind gut gewürzte spiralförmige Würste. Am beliebtesten sind Rind, Schwein und Lamm, danach kommen Wildspezialitäten wie Antilope, Springbock und Kudu. Auch Strauß und Krokodil kommen hin und wieder auf den Grill. Nach dem Essen wird traditionell noch einmal angefeuert und man lässt den Abend am offenen Feuer ausklingen.

❺ Australien

Die Aussies lieben ihr Barbie (BBQ). Ob am Strand, im Outback oder in der Großstadt, BBQ gehört immer mit dazu. Einen besonderen Anlass braucht es nicht, ein gewöhnlicher Dienstagabend reicht, um alle Freunde und Bekannten im Umkreis von 100 km zu einem Barbie einzuladen. Was es allerdings

braucht, ist Zeit, eine große Familie und gutes Essen. Gegrillt werden Steaks, Koteletts, Filet, Spareribs und Wurst, aber auch – je nach Region – Känguru, Emu, Fisch und Meeresfrüchte.

6 Hawaii

In der hawaiianischen Grillkultur verschmelzen die Traditionen der ehemals dort stationierten US-Soldaten, der japanischen Einwanderer und der einheimischen Maoli. An Feiertagen und bei Hochzeiten wird der sogenannte Imu, der Erdofen, angeheizt. Dabei garen große Fleischteile oder auch ein ganzes Schwein in Bananenblätter gewickelt und zugedeckt über mehrere Stunden auf glühenden Lavasteinen. Die Kombination aus Rösten und Dämpfen nennt man Kalua. Sie ergibt ein besonders zartes Ergebnis. Gegrillt werden auch traditionelle Fleischsorten (ähnlich wie bei uns) und viel Fisch und Meeresfrüchte aus dem Pazifik. Bei den Beilagen und Saucen wird es tropisch. Es gibt gekochte Tarowurzel, Süßkartoffeln oder Poi. Saucen bestehen meist aus Kokos, Chili, Knoblauch und Ananas.

7 Argentinien

Das nach den USA wohl berühmteste Land für Rinderzucht ist und bleibt Argentinien – mit seinen Mate-trinkenden Gauchos, die die Rinderherden quer durchs Land treiben. Asado wird die argentinische Grilltradition genannt. Entweder handelt es sich um ein ganzes Tier oder eine Hälfte, die aufgeklappt an einem Gitter fixiert stehend am offenen Feuer langsam gegrillt wird. Das Fleisch wird nur mit Salzwasser und Kräutern bepinselt, um das reine Grillaroma zu erhalten. Beim Parrilla handelt es sich um einen höhenverstellbaren Grillrost mit seitlicher Feuerstelle, um die vorgeheizte Glut unter das Grillgut zu schieben. Von arm bis reich besitzt in Argentinien jeder ein solches Exemplar. Gegrillt werden Chorizowürste, Schweinekoteletts und natürlich Rindfleisch in allen Varianten. Die bekanntesten Grillsaucen dazu sind Chimichurri oder Asado-Salsa. Dazu gibt es Brot und Rotwein.

8 Mexiko

In Mexiko wird sowohl über offenem Feuer als auch im Erdofen gegrillt. Das Barbacoa zum Beispiel sind große marinierte Rindfleischstücke, die eingewickelt in Agavenblätter über Stunden in einem Erdgrill garen, bis das Fleisch zerfällt. Dazu gibt es traditionell Tortillas, scharfe Salsa, Avocado und eingelegtes Gemüse. Über offenem Feuer werden hauptsächlich Rind, Schwein, Fisch und Meeresfrüchte gegrillt. Würzige Marinaden und scharfe Saucen dürfen dabei nicht fehlen.

DER RICHTIGE GRILL

(1)

Was ist beim Kauf zu beachten?

Vor dem Kauf sollten Sie sich erst einmal über Folgendes klar werden: Wie groß soll der Grill sein? Ein Standard-Kugelgrill hat einen Durchmesser von 57cm und ist für 4 bis 6 Personen geeignet. Ein Gasgrill sollte über mindestens zwei Brenner verfügen. Wofür wird der Grill hauptsächlich benutzt? Zum direkten oder indirekten Grillen? Zum Smoken? Mit wie vielen Essern ist zu rechnen? Es soll ja nicht nur die eigene Familie satt werden, sondern auch Gäste wollen in den Genuss Ihrer Grillkunst kommen. Kaufen Sie also am besten eine Nummer größer.

Wichtig ist ein gut schließender Deckel. Ein Deckelthermometer ist in die meisten Modelle integriert. Desweiteren sollte der Grill über Lüftungsöffnungen verfügen. So kann man die Temperatur halten bzw. regulieren. Beim Gasgrill regelt man das über die Drehregler der Brenner. Der Grillrost sollte generell für alle Grilltechniken geeignet sein und besteht am besten aus Edelstahl oder aus Gusseisen. Das ist zwar etwas teurer, aber die Investition lohnt sich. Edelstahl ist nach dem Grillen leicht mit einer Bürste zu reinigen und rostet nicht, wie ein verchromter Rost es tut. Gussroste speichern die Hitze und geben sie gleichmäßig an das Grillgut ab, sind also für indirektes Garen großer Stücke besser geeignet. Zu guter Letzt sollte der Grill einen stabilen Eindruck machen und nicht bei jeder Berührung wackeln.

Holzkohlegrill

Der Allrounder für Grillen und BBQ! Ihn gibt es in den unterschiedlichsten Größen und Formen: vom mobilen Kleingrill bis zum fest installierten gemauerten Großgrill sowie als Säulen-, Schwenk-, Kasten- oder Kugelgrill. Für ambitionierte Griller*innen kommt meiner Meinung nach nur ein Kugelgrill mit Deckel und integriertem Thermometer in Frage, da er unglaublich vielseitig ist. Wer auf das typische Grillfeeling mit Feuer und Holzkohlearoma steht, kommt um diesen Grill nicht herum. Große offene Holzkohlegrills wie ein Schwenkgrill an einer Metallkette und Dreibein oder eine gemauerte Variante dienen dem direkten Grillen. Sie eignen sich für große Mengen Grillgut.

Vorteile	Nachteile
typisches Grillfeeling mit Feuer	zeitintensiv
Holzkohlearoma	Rauchentwicklung
große Auswahl an unterschiedlichen Grills	Temperaturkontrolle notwendig
mobil, unabhängig von Gas und Strom	Reinigung und Entsorgung der Asche
aromatisches Grillgut	lange Aufheizphase

2

Gasgrill

Vor allem praktisch! Keine Kohle, kein Rauch und kein offenes Feuer. Am häufigsten genutzt wird wohl der Gasgrill in Kastenform, immer mit Deckel, manchmal auch mit integriertem Thermometer. Betrieben wird er mit Propan oder Butangas. Ihn gibt es in diversen Größen und Ausstattungsformen. Wer auf ein rauchiges Aroma nicht verzichten will, behilft sich mit einer Räucherbox und den dazugehörigen Produkten.

Der größte Vorteil des Gasgrills ist und bleibt sein Temperaturhandling. Lange Garzeiten mit gleichbleibender Temperatur und unterschiedliche Hitzezonen sind für ihn kein Problem. Er ist schnell angezündet, erreicht rasch die Einsatztemperatur und ist leicht zu reinigen. Eine höhere Qualität erzielen die doppelwandigen Varianten. Damit sind längere

Garzeiten ohne Temperaturverlust möglich. Der Grill sollte mindestens zwei, besser drei Brenner haben, um verschiedene Gartechniken anwenden zu können. Features wie Heck- und Seitenbrenner oder ein integrierter Lavagrill sind Glaubensfragen.

Vorteile
- kurze Aufheizphase
- konstante Temperaturregelung
- leicht zu reinigen
- lange konstante Grillphasen möglich
- kaum Rauchentwicklung
- viel Zubehör

Nachteile
- kein typisches Holzkohlearoma
- kein Grillfeeling mit offenem Feuer
- nur bedingt mobil

Feuerring

Der Feuerring ist fast schon eine Art Kunstwerk, das die magische Anziehungskraft von offenem Feuer vermittelt. Erfunden hat ihn ein Schweizer Bildhauer, der bereits seit 2004 an diesem Projekt tüftelt. Mittlerweile gibt es auch andere Hersteller. Der Feuerring wird nur mit Holz befeuert und eignet sich auch als Feuerstelle im Garten. Gegrillt wird ausschließlich bei direkter Hitze auf dem äußeren Ring, wobei es verschiedene Temperaturzonen gibt. Nah am Feuer ist es heißer als am äußeren Rand. Darüberhinaus besteht die Möglichkeit, Grillgut direkt über dem Feuer zu rösten.

Elektro-Variante

Früher verpönt, gibt es ihn heutzutage in guter Qualität zu kaufen. Er eignet sich perfekt zum Grillen auf dem Balkon oder im Indoorbereich. Minimale Rauchentwicklung schützt vor überempfindlichen Nachbarn. Einfach zu handhaben, schnell einsatzbereit und leicht zu reinigen. Auf die typischen Grillaromen muss man hier aber weitestgehend verzichten. Auch die Mobilität ist eingeschränkt, da der Grill Strom braucht. Wichtig bei der Kaufentscheidung sollte die Wattangabe sein. Je höher diese ist, desto mehr Power hat das Gerät.

(5)

Smoker

Die Maschine! BBQ-Feeling in seiner höchsten Form. Smoker gibt es in verschiedenen Größen und technischen Ausstattungen. Grundsätzlich unterscheidet man Smoker in Offset-Smoker – einer waagerecht liegenden zylinderförmigen Tonne mit einer separaten seitlich angebrachten Brennkammer und einem Abzugskamin – und Water-Smoker, auch Bullet-Smoker genannt. Dieser besteht aus einer vertikal stehenden Tonne in Form einer Patrone. Die Brennkammer sitzt am Boden und erhitzt eine darüber liegende, mit Wasser gefüllte Wanne. Der Rauch steigt von unten um die Wasserwanne herum nach oben, um an das Grillgut zu gelangen. Bulletsmoker sind meist günstiger als Offset-Smoker und somit ein guter Einstieg in die BBQ-Welt. Am einfachsten zu bedienen ist

der Pellet- bzw. Digitalsmoker, da er vollautomatisch funktioniert. Die Räucherpellets werden in die Grillkammer gegeben. Das Grillgut wird mit einem Thermometer versehen und man stellt die gewünschte Kerntemperatur ein, den Rest macht das Gerät.

Vorteile
- der ultimative BBQ-Geschmack
- auch größere Mengen sind kein Problem
- anders als Grillen, aber begeisternd

Nachteile
- sehr zeitintensiv
- je nach Modell sollte man Platz haben
- eingeschränkte Mobilität

(6)

Keramikgrill

Der auch Kamadogrill genannte Grill ist sehr gut isoliert, was die Temperatursteuerung und die gleichmäßige Befeuerung erleichtert. Bis zu 2 cm dicke Wände speichern konstant und gleichmäßig die erzeugte Temperatur im ganzen Garraum über Stunden. Die Grundausstattung ist nur für direktes Grillen ausgelegt. Wer indirekt grillen oder smoken möchte, muss sich einen Defektorstein zulegen. Dieser hält die direkte Hitze der Kohle ab und leitet sie über den Stein gleichmäßig an das Grillgut weiter. Es wird ausschließlich mit Holzkohle gearbeitet.

Vorteile
- gut isoliert
- lange Garvorgänge möglich
- optimale Grillergebnisse

Nachteile
- lange Aufheizphase
- eingeschränkte Mobilität
- schwierige Temperaturregulierung
- hohe Anschaffungskosten

Infrarotgrill

Vielen auch als Beefer bekannt, nimmt der Infrarotgrill eine Sonderstellung ein. Mit dem gasbetriebenen Standgerät werden Temperaturen von 600 bis 800 °C erzeugt. Damit können Sie sehr heiß und sehr schnell grillen. Es gibt auch Gasgrills mit integrierter Infarotfläche. Diese Variante ist besonders bei Steakliebhabern gefragt, weil das Fleisch außen eine tolle Kruste bekommt, innen aber sehr saftig bleibt.

Vorteile
- schnelles Grillen
- saftiges Fleisch und tolle Kruste
- Temperaturen bis 800 °C
- keine Rauchbildung
- Indoorbetrieb möglich je nach Herstellerangaben

Nachteile
- es können nur kleine Mengen gegrillt werden
- nur für kurzes heißes Grillen geeignet

Unentschlossen vs. deluxe

Wer Gas und Kohle möchte, ist mit einem Hybridmodell gut beraten. Für die ultimative Steakkruste muss es Infarot sein – denn nur dieser Grill schafft 600 bis 800 °C!

Hybridgrill

Gas to coal! Nur um es kurz zu erwähnen: Seit geraumer Zeit gibt es sogenannte Hybridgrills. Dabei handelt es sich um Gasgrills mit einer Grillkohlefunktion, die eine speziell gelochte Kohlewanne besitzen, die bei Bedarf über den Brennern unter dem Grillrost platziert wird. Mit dem Zünden der Gasflammen bringen Sie die Kohlen zum Glühen, dann werden die Brenner wieder ausgeschaltet und Sie grillen wie mit einem Kohlegrill. Genauso gut sind diese Grills auch als Gasgrills nutzbar.

DER RICHTIGE GRILLROST

Gusseisen

Gehört zur Standardausführung jedes guten Gasgrills. Sie sind optimale Wärmespeicher und somit auch für langes konstantes Grillen geeignet. Durch ihre gute Wärmeleitfähigkeit lassen sich problemlos Grillstreifen, das sogenannte Branding, herstellen. Ein Edelstahlrost erreicht dies leider nicht so gut. Dafür sind die Roste aus Gusseisen etwas pflegeintensiver und anfällig für Rost. Vor oder nach jedem Einsatz müssen sie gut ausgebrannt und gereinigt werden. Diejenigen, die das perfekte Grillmuster bei Steak mögen, sollten hier zugreifen.

Vorteile
- Wärmespeicherung
- schöne Grillmuster
- preisgünstig

Nachteile
- Pflege
- Gewicht
- Bruchgefahr

Emailliert

Diese Variante wird meist in Gasgrills günstigerer Preisklassen verbaut. Sie bestehen aus Stahl und einer speziellen Porzellan-Emaillierung. Sie lassen sich gut reinigen und haben eine lange Lebensdauer, sind relativ gut gegen Rost geschützt und nicht so zerbrechlich wie Grillroste aus Gusseisen. Diejenigen, die Wert auf Flexibilität legen und keine allzu hohe Qualität suchen, sind hier richtig.

Vorteile
- preisgünstig
- einfach zu reinigen
- bruchsicher

Nachteile
- kleinste Kratzer lösen die Beschichtung
- Grillmuster nur bedingt möglich

Edelstahl

Damit er lange glänzt, den Edelstahl-Rost nach dem Grillen am besten für einige Stunden in warmem Wasser mit Spülmittel einweichen.

Im Gegensatz zu Gusseisen sehr pflegeleicht; hält auch großen Temperaturschwankungen stand. Edelstahl ist gut zu reinigen und es kann auch keine Beschichtung abplatzen. Grillroste aus Edelstahl sind sehr langlebig. Sollte der Rost unbeschichtet sein, müssen Sie ihn gut vorheizen, damit das Grillgut nicht anklebt. Auch für indirektes Grillen oder empfindliche Speisen eignet er sich bestens. Es gibt normale und beschichtete Modelle. Ich würde zur beschichteten Variante raten, da sie das Ankleben von Grillgut verhindert – ähnlich wie bei einer beschichteten Pfanne. Diesen Rost würde ich jedem Einsteiger empfehlen.

Vorteile
- rostfrei
- einfach zu reinigen
- temperaturunempfindlich

Nachteile
- teuer
- keine Grillmuster möglich

GRILLMATERIAL

❶ Holzkohle

Wenn es um Kohle geht, entscheidet nicht der Preis, sondern die Qualität. Die Kohle sollte 100 Prozent natürlich und frei von Zusätzen sein. Achten Sie in diesem Zusammenhang auf die Einhaltung der DIN-Normen (DIN EN 1860-2/mit DINplus-Logo). Gleichmäßig große Kohlestücke, die bei günstigeren Anbietern eher selten vorkommen, sind ein wichtiges Qualitätsmerkmal. Sie garantieren ein gleichmäßiges Abbrennen und eine gute Glutbildung. Holzkohle ist für direktes Garen auf der Glut die einzige Wahl und garantiert das typische Grillaroma. Ich bevorzuge die Sorte Quebracho. Sie besteht ausschließlich aus Holz des Quebracho-Baums, das sich durch seine sehr harte und schwer spaltbare Struktur auszeichnet. Aufgrund des Härtegrads brennt diese Kohle deutlich länger als viele andere Sorten.

Vor- und Nachteile Holzkohle

\+ typisches Holzkohlearoma und Grillfeeling
\- nicht ganz gleichmäßiges Glutbett

❷ Briketts

Es handelt sich in diesem Fall um gepresste Holzkohle in Brikett- oder Eierform. Meist enthalten sie zusätzlich Bindemittel und Anzündhilfen. Durch ihre Form lässt sich leicht ein gleichmäßiges Glutbett erstellen, was bei Holzkohle kaum möglich ist. Briketts brauchen zwar länger zum Durchglühen, dafür kann man mit ihnen über einen längeren Zeitraum gleichmäßig grillen.

Vor- und Nachteile Briketts

\+ gleichmäßiges Glutbett und lange Grilldauer
\- langes Vorglühen

Holzkohle & Briketts

Beide Sorten sind auch kombinierbar. Auf die gleichmäßig glühenden Briketts eine dünne Schicht Holzkohle geben, um ein typisches Grillaroma zu erzeugen. Hier heißt es ausprobieren, was einem mehr zusagt. Auf jeden Fall kann man die Vorteile beider Sorten kombinieren.

Spezielle Holzkohle & Briketts mit Nachhaltigkeit

❸ Kokosbriketts

Sie bestehen zu 100 Prozent aus Kokosschalen, sind naturbelassen sowie geruchs- und geschmacksneutral. Ihr größter Vorteil besteht darin, dass sie viermal länger brennen als normale Holzkohle.

❹ Maiskohle

Die wohl umweltschonendste Grillkohle, da sie ein natürliches Abfallnebenprodukt ist! Es handelt sich um den Maisstrunk, die sogenannte Maisspindel, ohne Körner. Maiskohle ist verkohlt und unverkohlt erhältlich. Ich empfehle die verkohlte Variante. Sie entwickelt von allen Materialien die schnellste Glut-

bildung und stärkste Hitze, hat aber dafür die kürzeste Grillzeit und ist somit nur zum schnellen direkten Grillen geeignet.

Olio Bric

Grillbriketts aus Olivenkernen. Besonders nachhaltig in Bezug auf weltweite Abholzungsmethoden von Tropenhölzern, die kaum überwacht zu Grillkohle verarbeitet beim Discounter landen. Ebenso wie Kokosbriketts sind sie zu 100 Prozent ein Recycling-Produkt und meist frei von Geruchs- und Geschmacksstoffen. Sie zünden durch den natürlichen Fettgehalt der Olivenkerne wie von alleine und bilden kaum Funkenflug, weshalb sie sich gut zum Balkongrillen eignen.

Binchotan

Der Ferrari unter den Holzkohlen. Ein 10-kg-Sack kann bis zu 300 € kosten. Die Kohle, auch White Charcoal genannt, stammt aus Japan. Seit über 1000 Jahren wird sie auch heute noch nach demselben Verfahren hergestellt. Es gibt sie in Schwarz, Kuro-Zumi, und in Weiß, Shiro-Zumi. Ihre Brenneigenschaften zeichnen sich durch eine sehr ruhige und gleichmäßige Glut, lange Brenndauer und starke Infrarotstrahlung sowie ihre sehr niedrige Rauchentwicklung aus. Deshalb eignet sie sich auch so gut für das Grillen in Restaurants, wie es in Japan oft üblich ist. Häufig wird mit ihr auf sogenannten Robata oder Kongrogrills gegrillt. Am bekanntesten sind wohl Teriyaki und Yakitorispieße, von denen bestimmt jeder schon einmal gehört hat.

Zum Smoken und Räuchern

Wood-Räucherchips

Es handelt sich hierbei um geraspelte Holzspäne diverser Holzsorten, die sich sowohl für Holzkohle- als auch für Gasgrills eignen. Meist werden sie

1 Stunde in Wasser eingeweicht (siehe Bild unten) und dann abgetropft direkt auf die Glut (siehe Bild rechts) oder in eine Räucherbox für den Gasgrill gegeben. Beim Gasgrill hilft es, sie mit einem Handbunsenbrenner zu entzünden. Probieren Sie es aus – und Sie wollen auf die begehrte Rauchnote nie wieder verzichten. Das Angebot ist mittlerweile so vielfältig, dass Sie einige Zeit brauchen würden, um alle zu testen.

Wood-Räucherchunks

Der große Bruder der Woodchips. Hierbei handelt es sich um grob geschnittene Holzstücke, meist 2 bis 4 cm groß, die zum Smoken oder indirekten Grillen bei längeren Garzeiten benötigt werden. Am besten die Chunks über Nacht einweichen, damit sie sich gut mit Wasser vollsaugen können.

Wood-Räucherpellets

Die Pellets sind gepresste Sägespäne der jeweiligen Holzsorte oder auch eine Mischung mehrerer Sorten. Sie sollten immer 100 Prozent natürlich und

ohne Bindemittel und Füll- oder Zusatzstoffe sein. Hier gibt es schon fertige Holzmischungen für bestimmte Geschmacksprofile, z.B. Ahorn, Hickory und Kirsche. Aber auch Mischungen mit zusätzlichen Aromen wie Rosmarin, Knoblauch oder Paprika sind im Handel erhältlich. Diese werden Blends genannt. Die entsprechende Menge zum Smoken entnehmen Sie der Verpackung. Auch hierbei bitte wieder auf die Qualitäts-DIN-Normen achten (Deutschland: DIN+ / Österreich: ÖNORM M 7135 / Schweiz: SWISSPELLET).

Woodlogs-Holzscheite
Die ursprünglichste Methode zu Grillen ist wohl die auf Holz. Es gibt unzählige Sorten, die Sie verwenden können, z.B. Buche, Birke, Ahorn, Apfel, Kirsche, Hickory oder Mesquite.
Wichtig ist nur, dass das verwendete Holz wirklich gut durchgetrocknet ist und die einzelnen Scheite gleichmäßig groß sind. Ihre Flammen sorgen für eine sehr hohe Hitze und bis zum gleichmäßigen Glühen kann es ein wenig dauern. Zum Smoken kann man auch weniger trockenes Holz verwenden, da es eine höhere Rauchentwicklung hat.

Anzündmaterial
Die Zeiten von Brennspiritus und Paraffin sind vorbei! Beide Stoffe sind nicht nur wegen der plötzlichen Flammenbildung gefährlich, sondern auch wegen ihrer bedenklichen Inhaltsstoffe. Mittlerweile gibt es gute Alternativen wie kleine Bündel aus Holzwolle, gepresste Grillanzünderwürfel, die nur aus Wachs und Holzmehl bestehen (siehe kleines Bild rechts), oder Kiefernspäne, die durch ihren hohen Harzanteil wie von alleine brennen.

Anzündkamin
In diesem runden oder eckigen, gelochten Metallbehälter mit Griff kann man durch den Kamineffekt ein schnelles, sauberes und sicheres Anzünden der Kohle oder Briketts erzielen (siehe großes Bild).

Dazu den Behälter befüllen und den Anzünder auf dem Grillrost platzieren, anzünden und den Kamin daraufstellen. Das Feuer arbeitet sich langsam von unten nach oben und lässt die Kohle durch genügend Sauerstoffzufuhr schnell durchglühen. Wenn sie soweit ist, den Kamin mit einem Grillhandschuh in den Grill leeren bzw. die Kohle so verteilen, wie es die Grilltechnik vorgibt. Grillkörbe helfen dabei, die Kohle so zu platzieren, dass Sie indirekt garen können. Für direktes Grillen die Kohle flach und gleichmäßig auf dem Grillboden ausbreiten.

GOLDENE REGELN AM GRILL

DOS

Klappe zu, Deckel drauf

Nicht nur beim Vorheizen, sondern auch beim Grillen sollte der Deckel des Grills so oft wie möglich geschlossen sein. Die Vorteile sind konstante Temperatur, typisches Grillaroma und Vermeiden von Flammenbildung.

Klotzen, nicht kleckern!

Kräftig würzen ist die Devise! Salz und Gewürze sind Geschmacksträger und sorgen für ein gutes Grillergebnis. Als Erstes wird das Grillgut leicht eingeölt und dann von allen Seiten kräftig gewürzt. Dank des Öls haften die Gewürze am Grillgut und bleiben nicht am Rost kleben.

Wer rastet, der rostet

Grillen ist heutzutage so viel mehr als das simple Garen von Fleisch. Verschiedene Grilltechniken und auch die Vielfalt der Zutaten und Tools laden zum Ausprobieren ein, denn nur so wird man besser.

Nicht alles über einen Kamm scheren

Nicht alles wird bei der gleichen Temperatur gegrillt. Achten Sie auf das Thermometer im Grilldeckel. Dünnes Grillgut braucht eine hohe Temperatur. Je dicker das Grillgut ist, desto mehr lässt sich die Temperatur herunterfahren. Das kann bis zum indirekten Grillen gehen.

Das Spiel mit dem Feuer

Auf Rauchzeichen reagieren bedeutet: Sollte schwarzer Qualm aus dem Grill aufsteigen, erstickt womöglich die Glut oder das Grillgut verbrennt. Dann heißt es, schnell reagieren: Grillgut umplatzieren, Lüftungsklappe öffnen und gegebenenfalls Grillmaterial nachlegen.

—

DON'TS

Das Bratkartoffelsyndrom

Zu häufiges Wenden und Bewegen verhindert, dass Röstaromen oder Grillmarks entstehen. Ich nenne es das Bratkartoffelsyndrom. Viele denken, man müsse immer schütteln und wenden und wundern sich, dass die Kartoffeln nicht bräunen. Genauso verhält es sich beim Grillen: Grillgut bis zu einer Dicke von 1 bis 2 cm braucht man nur ein- oder zweimal zu wenden. Mein Tipp: An einer Stelle das Fleisch anheben und nachsehen, ob der erwünschte Bräunungsgrad erreicht ist, erst dann alle anderen Teile wenden. Auch das Hin- und Herschieben von Gargut schadet dem Ergebnis.

Mit der Fleischgabel wenden

Grillgut sollte zum Wenden nie mit einer Fleischgabel eingestochen werden, da so der Fleischsaft ausläuft und das Grillgut trocken wird. Zum Wenden daher nur Zange und Wender benutzen.

Nur eine Grillzone

Mehrere Grillzonen bieten mehrere Möglichkeiten. Wenn das Grillgut zu schnell bräunt oder sich Flammen bilden, können Sie es in einer weniger heißen Zone in Sicherheit bringen. Gleichzeitig können Sie mehrere Lebensmittel parallel bei verschiedenen Temperaturen grillen.

Gefühl statt Thermometer

Wenn mich jemand fragt, wann man weiß, dass ein Steak gar ist, antworte ich immer: „Investiere in ein digitales Grillthermometer!" Man stellt die gewünschte Kerntemperatur ein und schon kann fast nichts mehr schiefgehen. Die sogenannte Fingerprobe beherrschen nur erfahrene Griller*innen. Also: Lieber messen als raten.

Der Grill ist zu voll

Grill nur zu drei Vierteln belegen. Ein wenig Abstand zwischen dem Grillgut lässt die Hitze besser zirkulieren. Wenn der Grill zu voll ist, haben Sie keine Möglichkeit, flexibel beim Wenden zu reagieren.

Schlampen beim Saubermachen

Bei der Pyrolyse-Technik sollte ein Grillrost zum Reinigen immer gut vorgeheizt werden, je nach Dicke des Rostes. Ein Edelstahlrost ist schneller heiß als ein Gusseisenrost. Nach dem Aufheizen auf höchster Stufe den Rost mit einer Grillbürste gründlich abbürsten. Ich reibe ihn immer noch mit einem feuchten Küchenpapier nach, um wirklich alle Reste zu entfernen. Beim Kaltreinigen ein Reinigungsmittel verwenden, das der Fachhändler empfiehlt.

GRILLZUBEHÖR STANDARD

❶ Grillthermometer

Es gibt analoge und digitale Grillthermometer. Ich verwende ein digitales, da es genauer misst. Praktisch ist auch der Alarm, der signalisiert, dass das Grillgut die gewünschte Kerntemperatur erreicht hat. Aber Achtung: Den Fühler mittig in die dickste Stelle des Garguts stecken.

❷ Grillzange

Unverzichtbar beim Grillen. Beim Kauf darauf achten, dass sie eine gute Länge hat, damit die Unterarme vor der Grillhitze geschützt sind. Die Zange sollte außerdem eine Federmechanik und einen isolierten Griff haben.

❸ Pinzette

Eine große Pinzette von etwa 30 cm ist sehr hilfreich für kleines Grillgut wie Garnelen und Chickenwings. Sie haben mehr Gefühl beim Wenden und sind somit auch schneller – praktisch, wenn es auf den Garpunkt ankommt.

❹ Grillhandschuhe

Ein guter Schutz für Hände und Unterarme, zum Beispiel beim Einfüllen von glühenden Kohlen oder beim Verschieben des Grillrosts. Mittlerweile gibt es sehr gut isolierende Produkte, die dünner und angenehmer zu tragen sind.

❺ Anzündkamin

Mittlerweile ein Muss für jeden Griller und jede Grillerin. Es ist die einfachste Methode, Grillkohle vorzuheizen oder zum Nachlegen vorzubereiten – ganz ohne Grillspiritus, den hoffentlich endlich keiner mehr verwendet.

❻ Grillbürste

Unverzichtbar bei der Reinigung des Grills, denn nur ein sauberer Rost ist ein guter Rost. Achten Sie beim Kauf auf gut verankerte Edelstahlborsten und einen langen stabilen Stiel.

❼ Grillwender

Zum Wenden von Fischfilets oder Burgerpattys unverzichtbar. Der Grillwender sollte einen langen Stiel, einen isolieren Griff und einen Knick in der Wendeschaufel haben. Das erleichtert den Umgang mit dem Grillgut.

❽ Pinsel

Ein Muss! Zum Marinieren und Einpinseln des Grillgutes. Ein langer Griff und Silikonborsten können von Vorteil sein, es geht aber auch jeder beliebige andere Pinsel.

❾ Grillspieße

Ich verwende am liebsten Spieße aus Metall. Sie sind wiederverwendbar und schonen auf diese Weise die Umwelt. Außerdem können sie kein Feuer fangen wie Holzspieße.

❿ Burgerpresse

Sie ist hilfreich, um gleichmäßig dicke Burgerpattys herzustellen. Dazu gleich schwere Fleischportionen abwiegen, die Presse leicht einölen und beherzt zudrücken. Ein nützliches Tool für Burger-Fans!

⓫ Mehrweg-Grillschalen

Die Schalen benutzt man während des Grillens häufig: Beim indirektem Grillen, zum Marinieren oder um die Grilltechnik mit Wasserwanne im Smoker oder Grill umzusetzen. Geeignete Materialien sind Emaille oder Edelstahl.

NICE TO MEAT YOU!

*Was sich jedes Fleisch wünscht, ist ein Grillthermometer.
Ob digital oder analog spielt keine Rolle. Der Einsatz lohnt sich, denn meistens ist das Steak teurer als das Thermometer – und es wäre ja schade, wenn das Fleisch zweimal stirbt.*

GRILLZUBEHÖR FÜR FORTGESCHRITTENE

❶ Dutchoven
Damit lassen sich ganze Gerichte direkt in der Glut bei gleichmäßiger Hitze garen. Die vorgeheizte Glut wird unter und auf dem Dutchoven platziert. Auf diese Weise lassen sich nicht nur Schmorgerichte, sondern auch Eintöpfe, Kuchen oder Brot zubereiten.

❷ Kleiner Gusseisentopf/Pfanne
Verwenden Sie Kochgeschirr aus Gusseisen: Pfannen und Töpfe mit Holz- oder Kunststoffgriffen können leicht Feuer fangen. Gusseisen ist zudem ein guter Hitzespeicher. Es eignet sich zum Anbraten auf dem Grill oder zum Warmhalten von Glasuren, Mopen und Saucen.

❸ Holzkohlekörbe
Ideal, um glühende Kohlen für indirektes Grillen zu platzieren. Oder haben Sie schon einmal versucht, einen Haufen glühender Kohlen stückweise umzuschichten?

❹ Butcher-/Kraftpapier
Um Fleisch in der Ruhephase warm zu halten und um bei gesmoktem Fleisch eine schöne Kruste zu erhalten. Für die Umwelt besser als Alufolie.

❺ Wassersprüher
Ideal für indirektes Grillen und Smoken großer Fleischstücke, um sie mit einer Flüssigkeit feucht zu halten.

❻ Grillmop
Einen Grillmop verwende ich am liebsten beim Smoken großer Fleischteile wie Ribs, Pulled Pork und ähnlichem, um diese mit dem jeweiligen Mop (dünnflüssige Marinaden) oder Glasuren einzupinseln.

❼ Marinier- und Aromaspritze
Damit lässt sich Marinade direkt in große Fleischstücke spritzen. Das verkürzt die Marinierzeit und hält das Fleisch von innen saftig.

❽ Räucherbox
Eine Räucherbox benötigen Sie für eine Extra-Portion Räucheraroma beim Grillen mit einem Gasgrill. Dazu werden in Wasser eingeweichte Räucherchips abgetropft in die Box gegeben und vom Vorheizen bis zum Ende des Grillvorgangs auf den Rost des Grills gestellt.

❾ Pizzastein
Pizzasteine werden wie im Backofen vorgeheizt und können dann beliebig zum Backen von Pizza, Fladenbrot, Brötchen oder auch Quiches oder flache Kuchen verwendet werden.

❿ Gelochter Grillkorb oder Grillpfanne
Der Grillkorb beziehungsweise die Pfanne kommt immer zum Einsatz, wenn Sie klein geschnittenes Grillgut garen wollen, wie zum Beispiel Wokgemüse, kleine Kartoffeln oder kleine Garnelen.

⓫ Grillmatte
Grillmatten sind ein gutes Gadget, um das Ankleben von Grillgut, speziell Fisch auf Edelstahlgrillrosten, zu verhindern. Auch für kleines Grillgemüse gut geeignet, da es auf diese Weise nicht durch den Rost fallen kann.

⓬ Grillplatte
Eine Grillplatte kommt zum Einsatz, wenn Grillgut mit einem hohen Fettgehalt bei direkter Hitze gegart werden soll. Sie verhindert, dass sich zum Beispiel bei Burgern, größeren Mengen Bacon oder Spiegeleiern das herabtropfende Fett entzündet.

⓭ Kleines Back-Grillblech
Ich schätze jede Größe von Backblechen sehr. Sie eignen sich ideal als tragbare Unterlage für Zutaten sowie zum Würzen und Marinieren – und später als praktische Ablage für fertiges Grillgut.

⓮ Fisch-/Gemüsehalter

In die zusammenklappbaren Halter aus Drahtge-
flecht, kann man Fisch oder Gemüse legen. Sind sie
geschlossen, kann man sie beim Grillen mit einem
Griff schnell wenden. Mit diesem Tool lässt sich verhindern, dass kleines Grillgut am Grillrost anhaftet
oder durchfällt.

⓯ Grilllampe

Für den Fall, dass es beim Grillen mal dunkel wird
und Sie keine Lichtquelle in der Nähe haben, empfiehlt sich eine Grilllampe. Diese ist meist batterie-
betrieben und magnetisch und lässt sich wunderbar
am Griff oder am Grilldeckel platzieren.

⓰ Holzplanken

Für eine sehr beliebte Garmethode, nicht nur für
Fisch. Das Brett, meist aus Zedernholz, wird eine
Stunde in Wasser eingeweicht, auf dem Grill angekokelt und dann mit Grillgut belegt. Die Planken
sind wiederverwendbar, bis sie verkohlt sind. Nach
jeder Verwendung gut reinigen und trocknen!

⓱ Woodsheets

Woodpaper oder Woodwraps sind wie Holzplanken,
nur viel dünner. Nach dem Einweichen können Sie
das Grillgut darin einrollen und direkt auf dem Grill
garen. Das macht Eindruck beim Servieren!

⓲ Salzstein oder -planke

Die meist 2,5 cm dicke Salzplatte aus Himalayasalz
dient zum schonenden indirekten Garen empfindli-
cher Teile wie leicht geölte Steaks, Fisch oder Meeresfrüchte. Das Grillgut wird direkt auf den heißen
Salzstein gelegt. Wichtig ist nur, dass der Stein langsam auf Betriebstemperatur gebracht wird, damit
er nicht reißt.

31

GRILLTECHNIKEN

Direktes Grillen

Diese Methode eignet sich für jedes Grillgut, das äußerlich scharf angegrillt wird und eine schöne Kruste bekommen soll, sowie für kleine Stücke, die schnell garen. Das Garen erfolgt auf dem Rost direkt über der Hitzequelle und beinahe in direktem Kontakt mit der Flamme. Direktes Grillen funktioniert sowohl mit als auch ohne geschlossenen Deckel, wobei ich letzteres empfehle, um eine optimale Hitzeeinwirkung zu gewährleisten. Für direktes Grillen sind hohe Temperaturen wichtig. Dabei werden die so beliebten Röstaromen (Grillmuster, Brandmarks) erzeugt. Wichtig ist, die Grillzeit genau im Auge zu behalten, damit das Grillgut nicht trocken wird oder sogar verbrennt.

Auf dem Holzkohlegrill kann man durch eine bestimmte Anordnung der Glut unterschiedliche Temperaturen erzielen. Auf ihm wird direkt über gleichmäßig im Grill verteilter Glut gegrillt.

Auf dem Gasgrill wird direkt über den eingeschalteten Brennern mit oder ohne Lava- oder Keramiksteinen gegrillt.
Als direktes Grillen bezeichnet man auch alle Zubereitungsarten, bei denen das Grillgut direkt in der Glut gegart wird, wie z.B. bei Caveman Steaks oder Folienkartoffeln. Auch wenn in Mehrwegschalen oder Pfannen, auf Holz- bzw. Bananenblätter oder auf Planken gegrillt wird, benötigt man dazu direkte Hitze.

Indirektes Grillen

Indirektes Grillen eignet sich besonders für großes Grillgut und weniger zartes Fleisch mit viel Bindegewebe, das bei niedriger Temperatur und langer Garzeit zart und saftig wird. Es eignet sich ebenfalls für kurzzeitiges Warmhalten. Bei dieser Methode liegt das Grillgut immer ohne direkten Kontakt zur Glut oder Flamme neben der Hitzequelle. Indirektes Grillen erfolgt immer mit geschlossenem Deckel. Auf diese Weise bildet sich im gesamten Garraum eine konstante gleichmäßige Hitze wie in einem Backofen. Die heiße Luft strömt am Grillgut vorbei, wird von den Wänden reflektiert und entweicht durch die Lüftungsöffnungen im Grill oder Deckel. Das Grillgut muss außer durch Wenden nicht verändert werden.

Auf dem Holzkohlegrill werden dazu Glut und Grillgut getrennt voneinander positioniert (siehe Anordnung der Kohle für verschiedene Grillsituationen Bild ❷ ❸ ❹).

Auf dem Gasgrill wird das Grillgut über dem ausgeschalteten Brenner positioniert, während die anderen Brenner eingeschaltet bleiben.

Kombiniertes Grillen

Bei dieser Methode handelt es sich um direktes und indirektes Grillen innerhalb der Zubereitung. Diese Zubereitungsart wird am häufigsten genutzt. Beide Bereiche, also der direkte Bereich über der Hitzequelle sowie derjenige neben der Hitzequelle, kommen zum Einsatz, fast immer auch in dieser Reihenfolge. Als erstes grillt man das Grillgut rundherum scharf an, um eine Kruste und Röstaromen entstehen zu lassen. Indirekt wird dann über einen längeren Zeitraum der gewünschte Gargrad erreicht.

——

1 Beim direkten Grillen wird die glühende Kohle gleichmäßig auf der ganzen Fläche des Grills verteilt.

2 Die wohl verbreiteste Art für indirektes Grillen besteht darin, die glühende Kohle nur auf einer Hälfte des Grills zu verteilen.

3 Diese Anordnung der Kohle für indirektes Grillen ist besonders gut geeignet für große Fleischstücke wie Roastbeef oder ein ganzes Geflügel.

4 Kohlekörbe helfen besonders gut, die glühende Kohle im Grill zu positionieren.

Anordnung der Kohle für verschiedene Grillsituationen

Um verschiedene Temperaturzonen zu bilden und das Grillgut direkt oder indirekt bei unterschiedlichen Temperaturen zu garen, wird die Kohle bzw. die Glut auf bestimmte Weise angeordnet.

Zwei Zonen

❶ Die Kohlen liegen im linken und rechten Drittel eines runden Grills – hierbei sind Kohlekörbe sehr hilfreich (s. Seite 28), die Mitte bleibt frei. Hier wird eine mit Wasser gefüllte Mehrweggrillschale positioniert. Über dieser liegt das Grillgut und wird von den glühenden Kohlen indirekt gegart. Dabei tropft das Fett des Grillgutes in die Wasserschale und entzündet sich nicht in der Glut.
❷ oder ❸ Alternativ ist eine Grillhälfte mit Kohle bestückt, die andere, auf der das Grillgut gart, bleibt frei. Es kommt im Allgemeinen immer auch darauf an, wie viele oder wie große Stücke gleichzeitig direkt oder indirekt gegart werden sollen.

Drei Zonen

❹ Die Kohle liegt in einer Hälfte des Grills, aber nicht auf einer gleichmäßigen Höhe, sondern vom Rand her abfallend zur leeren Hälfte. Auf diese Weise entstehen drei Temperaturzonen.

Feuerring

❺ ❻ Ein Feuerring, auch Minion-Ring genannt, schafft optimale Voraussetzungen für lange indirekte Garzeiten bei konstanter Temperatur, wie sie etwa für Spareribs, Pulled Pork oder Brisket gebraucht werden. Mit dieser Methode kann eine konstante Temperatur von **110 bis 120 °C** für bis zu **zwölf bis 15 Stunden** erzielt werden. Legen Sie etwa 6 kg hochwertige Briketts in einem Dreiviertelring am Rand des Grills entlang. Entzünden Sie eine Seite des Rings mit etwa 12 glühenden Briketts und

öffnen Sie die Lüftungsschlitze zu einem Drittel, damit Sauerstoff zugeführt wird, der wiederum durch die Entlüftungsschlitze im Deckel entweichen kann. Das führt dazu, dass immer die gleiche Menge an Briketts glüht. Wenn Sie zusätzlich noch Woodchunks zum Räuchern verwenden, geben Sie diese beim Anzünden des Rings dazu, damit das Fleisch zu Beginn geräuchert und dann gegart wird. Den Deckel möglichst nicht öffnen, sondern die Temperatur mit einem digitalen Thermometer im Garraum und zum Ende hin die Kerntemperatur des Fleisches prüfen. Jetzt braucht es nur noch Geduld.

Handhabung des Kohlegrills

Kohlegrill starten

Vor dem Anzünden sicherstellen, dass der Grill fest steht und bei Rauchentwicklung und Funkensprung weder Personen noch Gartenmöbel oder Hauswände in Mitleidenschaft gezogen werden.
Unbedingt ausreichend Zeit einplanen, um den Grill richtig vorzuheizen. Das Grillmaterial sollte gut durchgeglüht sein und die gewünschte Temperatur erreicht haben, bevor Sie mit dem Grillen beginnen. Sie erkennen es daran, dass die Kohle gleichmäßig glüht bzw. alle Briketts von einer weißen Ascheschicht überzogen sind. Wenn Sie das Grillgut auf den Rost legen, sollen sich keine Flammen bilden. Es kann vorkommen dass man, um die Temperatur konstant zu halten, Kohle nachlegen oder den Grillrost verschieben muss. Seien Sie vorbereitet und haben Sie dafür Handschuhe, Werkzeug und ausreichend Kohle griffbereit.

Hitzemanagement

❼ ❽ Beim flachen Ausbreiten der Kohle sinkt die Temperatur und beim Aufhäufen steigt sie. Werden die Belüftungsschlitze weit geöffnet, steigt die Temperatur. Werden sie geschlossen, sinkt sie und der Grill geht anschließend aus.

Achtung:
Bei fettreichem Grillgut immer eine mit Wasser gefüllte Mehrweggrill-schale darunter platzieren! Das verhindert Flammenbildung und hält den Grill sauber. Mageres Grillgut ohne Marinade benötigt keine Wasserschale.

Die beste Möglichkeit, die Garraumtemperatur zu messen, ist mit einem digitalen Thermometer, da eingebaute im Deckel meist nicht sehr genau sind. Das Thermometer unter dem Deckel oder durch den Lüftungsschlitz im Deckel führen und messen.

Reinigung
Nach dem Abkühlen die Asche sofort aus dem Auffangkorb entfernen, weil sie Wasser zieht und das Metall rosten lässt. Den Rost mit einer Stahlbürste kräftig abbürsten. Bei einem Edelstahlrost können auch härtere Reinigungsmittel verwendet werden, da er im Gegensatz zu einem Gussrost sehr unempfindlich ist.

Handhabung des Gasgrills

Gasgrill starten
Sämtlich Schlauchleitungen auf ihre Unversehrtheit prüfen. Dann alle Brennerregler auf „geschlossen" stellen. Öffnen Sie den Deckel des Grills und drehen Sie die Gasflasche auf. Machen Sie nach 30 Sekunden über dem Rost einen Geruchstest. Wenn nichts nach Gas riecht, sind alle Leitungen dicht. Zünden Sie die Brenner über den Kickstartknopf. Wenn alle Flammen brennen, den Deckel schließen und den Grill bis zur gewünschten Temperatur vorheizen.

Hitzemanagement
Beim Gasgrill ist es einfach: Hier stellt man die gewünschte Temperatur ein, auch wenn sie im Verlauf des Grillens gesenkt oder gehoben werden soll.

Reinigen
Den Grill nach Benutzen oder vor dem nächsten Grillen auf **300 °C** erhitzen. Die Rückstände mit einer Stahlbürste abbürsten. Sollten Sie mal den Gusseisenrost ganz reinigen wollen, bitte nur mit Spülmittel und Wasser. Nach dem Trocknen mit Rapsöl einreiben, dann bleibt er lange erhalten.

Allgemeine Hitzegrade fürs Grillen

80 bis 120 °C	niedrige Hitze
120 bis 180 °C	mittlere Hitze
180 bis 220 °C	hohe Hitze
220 bis 300 °C	sehr hohe Hitze

Smoken

Die Methode
Beim Smoken handelt es sich um eine indirekte Garmethode (Low & Slow), bei der das Grillgut in einer separaten Gar- oder Räucherkammer je nach Smokervariante im Rauch über mehrere Stunden bei niedrigen Temperaturen von 80 bis 140 °C gart (siehe Bild rechts). Zu Beginn wird meist über mehrere Stunden gesmokt, ohne die Klappe zu öffnen, damit der Rauch am Grillgut haften bleibt und nicht entweichen kann. In der zweiten Phase wird gesmokt und in regelmäßigen Abständen eine Essig-Saft-Mischung aufgesprüht oder für die Kruste mit einem Mop glasiert. In der dritten Phase wird das Fleisch in Butcherpaper gewickelt zurück in den Smoker gelegt. Auf diese Weise gart es ohne auszutrocknen weiter. Danach noch etwa **1 bis 2 Stunden**, z. B. in einer Kühlbox, ruhen lassen und genießen.

Das Holz
Unabdingbar für das Aroma ist das richtige Holz. Bei manch erfahrenen Smokern löst dieses Thema einen wahren Glaubenskrieg aus. Ihnen steht eine große Anzahl an Holzsorten zur Verfügung. Die bekanntesten einheimischen Sorten sind Eiche, Erle, Buche, Birke, Wacholder, Apfel, Birne, Kirsche oder Pflaume. Ausländische Sorten sind Hickory, Ahorn, Pecan oder Mesquite. Allesamt sind Harthölzer.

Feuer & Rauch
Wer traditionell smoken will, muss zu Beginn erstmal ein Feuer machen, meist in einer Firebox oder

einem Firebarrel. Große Holzscheite werden entzündet, durch Sauerstoffzufuhr zum Durchglühen gebracht und dann in die Brennkammer des Smokers gelegt. Der Rauch von Holz und Holzkohle kann während des Verbrennens jede Farbe von Blau bis Weiß, Grau, Gelb, Braun und im schlimmsten Fall sogar Schwarz annehmen. Der am meisten gewünschte Rauch ist jedoch hellbau bis fast unsichtbar. Die blaue Farbe hängt mit der Partikelgröße im Rauch zusammen und damit wie er sich ausbreitet und das Licht reflektiert.

Fleisch & Rub

Bei der Wahl des Fleisches lautet die Devise: Qualität geht vor. Also achten Sie beim Kauf möglichst auf regionale artgerechte Haltung. Es sollte gut gereift sein. Beim Rub (der Trocken-Gewürzmischung) müssen Sie sich herantasten. Im Rezeptteil und im Kapitel Rubs, Marinaden & Co. (s. Seite 282) finden Sie einige Anregungen. Aber Sie können auch Ihre ganz eigene Mischung herstellen.

Smoken im Grill

Auch in einem normalen Kugel- oder Gasgrill kann man bedingt smoken. Um sich mit dieser Garmethode einmal auseinanderzusetzten, wäre das eine kostengünstige Möglichkeit. Später können Sie sich immer noch einen Smoker zulegen. Diese sind nämlich je nach Modell sehr kostspielig. Die Garmethode ist außerdem sehr zeitintensiv und bedarf einiger Planung. Sie hat aber den Vorteil, dass Sie große Fleischstücke und große Mengen für große Grillfeste auf einmal zubereiten können. Smoker gibt es in verschiedensten Größen und Ausführungen. Ob Offset-, Water- oder Pelletsmoker, alle bringen hervorragende Ergebnisse. Für das Smoken im Grill benötigen Sie Holz-Chips für kürzere oder Holz-Chunks für längerer Garzeiten. Diese sollten ausreichend lange in Wasser eingeweicht werden, damit sie nicht verbrennen, sondern langsam schwelend ihren Rauch abgeben. Je mehr einge-

weichtes Holz Sie beim Garvorgang verwenden, desto rauchiger schmeckt das Grillgut. Da muss jeder einfach ausprobieren, was einem zusagt. Im Holzkohlegrill gibt man das abgetropfte vorher eingeweichte Räucherholz direkt auf die Glut. Beim Gasgrill füllt man sie in spezielle Räucherboxen. Aber eine Tasche aus Alufolie gefüllt mit Räucherchips und mit eine paar Löchern versehen tut es auch. Gesmokt wird bei langen Garzeiten bei indirekter Hitze mit einem Feuerring (s. Seite 34) oder indirekt bei kurzer Garzeit.

Good to know

Die Plateauphasen

Beim langsamen indirekten Grillen oder Smoken gibt es sogenannte Plateauphasen. Das heißt bestimmte Temperaturen im Fleisch bleiben über einen gewissen Zeitraum hinweg konstant und verändern die Fleischstruktur auf ähnliche Weise wie beim Schmoren im Ofen.

Phase 1

Bei **70 °C** wird im Bindegewebe (Kollagen) des Fleisches das Fett zersetzt und in Gelatine umgewandelt. Das Fleisch wird innen zart, verliert aber über die Oberfläche auch Flüssigkeit.

Phase 2

Bei etwa **80 °C** beginnt Phase 2. Bei dieser Temperatur ist die Differenz zwischen Garraum und Kerntemperatur des Garguts recht groß. Je länger die Garzeit andauert, nähern sich beide Werte zunehmend an. Die Garraumtemperatur darf dabei bei Temperaturen von **110 bis 130 °C** um rund **10 °C** nach unten und oben schwanken. Höhere Temperaturen lassen das Fleisch hart und trocken werden. Darum rechtzeitig mittels der Lüftungsöffnungen die Temperatur regulieren.

The Bark

In der Welt des Smokens wird viel über die Bark, die Kruste auf dem Fleisch, gesprochen. Sie ist ein Qualitätsmerkmal für die hohe BBQ-Kunst. Sie bildet sich während des Smokens außen am Fleisch und sollte dunkelbraun bis fast schwarz sein. Ist sie nur hellbraun, hat man einen Fehler gemacht. Als Basis für eine gute Bark sind Gewürze und Rub nötig. Durch Osmose erzeugen die Fleischzellen Feuchtigkeit an der Oberfläche. Einige Zutaten der Rubs sind wasserlöslich andere fettlöslich. Wenn das Fleisch dann bei **110 °C** und höher smokt, entsteht mehr Feuchtigkeit und die fett- und wasserlöslichen Verbindungen des Rubs lassen mit dem Rauch eine wunderbare Kruste entstehen.

Der Rauchring

Wenn das Fleisch richtig gesmokt wurde, hat es in der Regel unter der Kruste einen rosafarbenen Ring um das Fleisch. Seine Breite kann zwischen einigen Millimetern bis zu 1 cm reichen. Er wird als Rauchring bezeichnet und ist unter Kennern das Merkmal schlechthin, dass das Fleisch richtig zubereitet wurde. Hin und wieder bleibt er aber auch aus und das gegarte Fleisch ist trotzdem zart und saftig.

Räuchern

Die Methode

Räuchern folgt eigentlich demselben Prinzip wie Smoken, nur unterscheidet man hier zwischen Kalt-, Warm- und Heißräuchern. Meistens hängt oder liegt das Gargut auf einem Gitterrost direkt über der Brennkammer, sodass der Rauch nach oben aufsteigen kann.
Früher wurde hauptsächlich geräuchert, um Lebensmittel haltbar zu machen, heute bedient man sich dieser Methode eher aus geschmacklichen Gründen. Die Temperaturen liegen hierbei zwischen **20 und 100 °C**. Es kann sowohl Fleisch als auch

Fischfilets werden immer liegend auf einem Gitterrost geräuchert. Ganze Fische hingegen hängen senkrecht in der Räucherkammer.

Fisch geräuchert werden. Da Fleischräuchern aber sehr zeitintensiv ist, konzentrieren wir uns auf das Räuchern von Fisch.

Fisch und Lake

Am besten geeignet sind fettreiche Fischarten wie zum Beispiel Lachs, Heilbutt, Makrele, Saibling oder Forelle, da sie beim Räuchern nicht so schnell trocken werden und Fett ein Geschmacksträger ist. Als Erstes sollte der Fisch eingesalzen werden. Das kann trocken oder nass geschehen.
Für die nasse Variante 50 g Salz pro Liter Wasser auflösen. Zusätzlich können Sie Gewürze in die Lake geben, z.B. Rosmarin, Pfefferkörner, Lorbeer usw. Ganze Fische brauchen zwischen **6 und 10 Stunden**, Filets je nach Dicke nur **3 bis 6 Stunden**.
Beim Trockensalzen gilt die Regel: Der Fisch wird in einer Salzmenge eingelegt, die mindestens 5 Prozent seines Gewichts entspricht. Das Einsalzen sollte man höchstens auf **2 Stunden** ausdehnen. Trockensalzen ist zwar die schnellere Variante, ich bevorzuge aber das Einlegen in Salz- bzw. Gewürzla-

ke, weil das Endergebnis noch besser ist. Nach dem Salzbad werden die Fische gewaschen, trocken getupft und zum Trocknen ein paar Stunden kühl und gut durchlüftet aufgehängt.

Der Vorgang

Für das Warmräuchern den Räucherofen auf **35 bis 50 °C** vorheizen. Die Räucherspäne entzünden und abbrennen, bis sie ihren Rauch entfalten. Dann die Fische hineinhängen und je nach Geschmack **45 Minuten bis 3 Stunden** räuchern. Kalt geräuchert wird bei Temperaturen unter **25 °C**. Abhängig von der Dicke des Fisches bzw. des Filets dauert der Räuchervorgang zwischen **8 und 24 Stunden**. Heißräuchern ab **55 °C** Grad eignet sich, wenn Sie die Fische gleich verzehren wollen, da sie nach dem Abkühlen eher trocken werden. Abschließend empfehle ich allen, die sich für das Thema interessieren, sich noch mehr Informationen zu besorgen.

Neue Techniken und Aromenspender

Rückwärtsgrillen/Reverse seared

Geeignet für große Steaks, die dicker als 4 cm sind, wie es z. B. bei Tomahawk, Porterhouse oder Hochrippe der Fall ist. Die Grilltechnik hat den Vorteil, dass das Fleisch nicht verbrennt und die sogenannten Grillmarks bzw. Röstaromen am Ende des Garvorgangs besser kontrolliert werden können. Wie der Name schon sagt, wird hier rückwärts gegrillt. Das bedeutet, dass das temperierte Fleisch (es sollte Zimmertemperatur haben) ohne Angrillen zunächst bei indirekter Hitze zwischen **130 bis 150 °C auf 50 °C** Kerntemperatur gebracht wird. Dann wird der Grill für direktes Grillen auf **300 bis 350 °C** aufgeheizt und das Fleisch von beiden Seiten jeweils **3 bis 4 Minuten** scharf angegrillt. Dabei entsteht eine herrliche Kruste.

Holzplanken/Holzblätter

Bei dieser Methode erhält man ein wunderbar feines Raucharoma. Als Erstes werden die Planken **1 Stunde** oder die Blätter **30 Minuten** ausreichend gewässert. Die Planken röstet man auf einer Seite im vorgeheizten Grill an, bis sie angekokelt sind und leicht rauchen. Das leicht geölte Grillgut wird auf der angekokelten Seite auf der direkten Hitze zu Ende gegart. Für die Holzblätter das Grillgut darin einwickeln und je nach Dicke auf der direkten Hitze grillen. Die Planken können mehrfach verwendet werden. Einfach unter fließendem Wasser abspülen und trocknen lassen.

Salzplanke

Sie gibt es in unterschiedlichen Größen und Stärken. Ich empfehle eine Stärke von 3 cm und für mehrere Personen eine Fläche von 30 x 20 cm. Achtung: Erwärmen Sie die leicht geölte Salzplanke langsam in der indirekten Zone Ihres Grills, damit sie nicht aufgrund von Hitzespannung reißt. Nach etwa **45 Minuten** ist sie einsatzfähig. Legen Sie das leicht gewürzte Grillgut (kein Salz, die Planke gibt ja Salz ab) darauf und garen Sie es bei direkter oder indirekter Hitze. Nach dem Abkühlen können Sie die Salzplanke unter fließendem Wasser abspülen und trocknen lassen. Sie kann so oft verwendet werden, bis sie irgendwann aufgrund der Abnutzung bricht.

——

Cavemanstyle

Dabei garen Sie ohne Grillrost direkt auf der glühenden Kohle (s. Flanksteak Seite 70). Diese Methode ist nicht nur sehr ursprünglich, sondern sie beschert dem Grillgut auch fantastische Röstaromen und dazu ein Erlebnis der besonderen Art. Gegrillt wird nur auf Holzkohleglut, da sie am naturbelassensten ist. Die Glut vollständig durchglühen lassen und möglichst flach auf dem Grillboden verteilen.

Das Grillgut sollte mindestens 3 cm dick sein, alles andere würde zu schnell durchgaren. Kurz vor dem Auflegen des Grillgutes mit einem Tablett die weißen Ascheschicht von der Kohle wedeln und los geht's. 3 bis 4 Minuten von jeder Seite grillen. Nach dem Wenden anhaftende Kohlestücke abschütteln oder mithilfe einer zweiten Zange wegkratzen. Sie können auch ganze Auberginen, gewässerten Mais in seiner Blätterhülle oder Paprikaschoten auf diese Weise garen. Es eignen sich auch Kartoffeln, Süßkartoffeln und ganze Zwiebeln, diese benötigen etwa 40 bis 60 Minuten in der Glut.

Wenn das Grill-gut am Rost klebt:

Einfach weitergrillen. Wenn sich eine Kruste bildet, löst sich das Grillgut ganz von allein vom Rost.

Bei Flammenbildung:

Das Grillgut vom Grill nehmen, alle Lüftungsklappen schließen und warten, bis die Flamme erloschen ist.

BEI ZU VIEL HITZE:

Das Lüftungsventil am Deckel und die Bodenklappen zu zwei Dritteln schließen, sie entziehen dem Feuer den Sauerstoff. Das Grillgut wenn möglich auf die indirekte Hitze legen oder vom Grill nehmen.

MEINE GEHEIMWAFFEN

Große Pinzette: Mehr Gefühl beim Wenden von Spargel, Zucchinischeiben, Pilzen, Chickenwings oder Garnelen.

ELEKTRISCHE KAFFEEMÜHLE: Gewürze und Rubs ruckzuck mahlen!

V-Hobel/Gemüsehobel: Das spart Zeit und Ihre Salate sind schnell zubereitet.

Natürliche Geschmacksverstärker: Mit Röstzwiebeln, Ahornsirup, BBQ-Sauce und Räucherspeck schmeckt alles besser.

Holzkohleschieber: Mit ihm können Sie problemlos glühende Kohlen im Grill hin- und herschieben, ohne Ihre gute Grillzange zu opfern.

TIPPS & TRICKS

Rubs, Marinaden und Sauce auf Vorrat kochen, das spart Zeit.

Mehrweggrillschale statt Aluschalen verwenden – der Umwelt zuliebe.

Für die Umwelt zum Ruhen von Grillgut **Butcherpapier** (Kraftpapier) statt Alufolie verwenden.

Grillgut vor dem Grillen trocken tupfen und dünn mit Maiskeim-, Sonnenblumen- oder Erdnussöl einpinseln.

Fleisch entweder **30 Minuten vor** dem Grillen würzen oder erst nach dem Grillen.

Fleisch, egal ob roh und gegrillt, **immer gegen die Faser** schneiden.

Fleisch grundsätzlich **1 bis 2 Stunden vor** der Zubereitung aus dem Kühlschrank nehmen.

Fleisch mit hohem Fettanteil nie bei direkter Hitze grillen – Vorsicht Flammenbildung!

Fleisch **nur mit einer Grillzange oder Pinzette** wenden.

Grillgut **erst auflegen, wenn** der Grill auf Temperatur, der Rost heiß und die Kohle durchgeglüht ist.

Bei direktem Grillen über Holzkohle nicht mit Flüssigkeiten ablöschen, da Asche aufgewirbelt wird und die Glut abkühlt.

Zuckerhaltige Glasuren oder Mops bei indirektem Grillen auftragen. Bei direkter Hitze erst kurz vor Garzeitende zum Einsatz bringen, damit Glasuren und Mops nicht verbrennen.

Immer ein großes Stück Brisket oder Pulled Pork smoken. Denn: Es lässt sich prima einfrieren und für Sandwiches oder Pitbeans (s. Seite 270) verwenden.

MIT SOUSVIDE STRESSFRFEI GRILLEN

Wer kennt diese Situation nicht: Gäste begrüßen, Drinks machen, den Grill anheizen – am besten alles auf einmal. Und dann die bange Frage: Wann legt man das Fleisch auf, damit alle gleichzeitig essen können? Wie erfüllt man die Extrawünsche der Kinder? Hier eine Methode wie Sie Ihr nächstes Grillfest stressfei genießen können.

Mit einem Sousvidegerät können Sie dicke Steaks mit langer Garzeit schon Stunden vorher fertig mariniert und verschweißt in einem Vakuum oder Ziplock-Gefrierbeutel im Wasserbad vorgaren ohne dass Sie sich weiter darum kümmern müssen. Das Grillgut vor dem Einschweißen nicht salzen sondern nur mit Gewürzen, Kräutern und Öl marinieren. Dabei nur ein Drittel der Menge verwenden, die Sie gewöhnt sind. Durch das Vakuumieren wirken die Zutaten viel konzentrierter. Durch diese schonende Garmethode erhält Ihr Fleisch einen tollen Eigengeschmack und bleibt wunderbar saftig.

Kurz vor dem Servieren gut trocken tupfen, etwas einölen und auf dem sehr heißen Grill von beiden Seiten scharf angrillen.

Beilagen wie Grillgemüse, Kürbis oder Kartoffeln 2 bis 3 Stunden vorher grillen. Diese können dann im Ofen noch einmal erwärmt werden.

Beilagen, die nicht gegrillt werden, direkt im Backofen zubereiten. Damit haben Sie Platz auf dem Grill für Fleisch, Fisch und Gemüse.

Sousvide-Gartabelle

FLEISCHSORTE	DICKE/SCHNITT	TEMPERATUR	ZEIT
Rumpsteak medium	3 bis 4 cm	56 °C	1,5 bis 2 Std.
Rinderfilet medium	6 cm	56 °C	2 bis 2,5 Std.
Rib-Eye-Steak medium	5 bis 6 cm	56 °C	2 Std.
T-Bone-Steak medium	4 bis 5 cm	56 °C	2 bis 2,5 Std.
Flanksteak medium rare	3 bis 4 cm	52 °C	4 Std.
Kalbsrücken	4 bis 5 cm	56 °C	2 Std.
Lammlachse medium	2 cm	58 °C	30 Min.
Schweinefilet	5 cm	60 °C	1 bis 1,5 Std.
Schweinenacken	4 cm	58 °C	4 bis 5 Std.
Hähnchenbrust	3 bis 4 cm	65 °C	1 bis 1,5 Std.
Chickenwings	-	64 °C	3 bis 4 Std.
Entenbrust	3 cm	62 °C	40 Min.

Wann bereite ich was vor?

2 TAGE DAVOR	1 TAG DAVOR	4 BIS 6 STUNDEN DAVOR	1 BIS 2 STUNDEN DAVOR
Grillrubs	Lebensmitteleinkauf	Tisch decken	Fleisch und Fisch aus der Marinade nehmen und trocken tupfen
Grillsaucen	Fleisch und Fisch marinieren	Gemüse vorgrillen	Grill anfeuern
Salatdressings	Gemüse putzen und schneiden	Beilagen im Ofen zubereiten	Salatzutaten bis auf Dressing mischen
	Salatzutaten putzen und schneiden		Beilagen und vorgegrilltes Gemüse im Ofen bei 60 bis 70 °C erwärmen
	Salate wie Kartoffel- oder Nudelsalat vorbereiten		
	Getränke kalt stellen		

GARTABELLE

	GRILLGUT	GRÖSSE / DICKE	GRILLZEIT	KERNTEMPERATUR
RIND	Filetsteak	2 cm	4–6 Min. direkte starke Hitze	50-52°C / medium rare
	Rumpsteak	3 cm	8–10 Min. direkte starke Hitze	50-52°C / medium rare
	Rib-Eye-Steak	3 cm	8–10 Min. direkte starke Hitze	50-52°C / medium rare
	T-Bone-Steak	3 cm	6–8 Min. direkte starke Hitze / 4–6 Min. indirekte starke Hitze	50-52°C / medium rare
	Porterhousesteak	3-4 cm	6–8 Min. direkte starke Hitze / 6–8 Min. indirekte starke Hitze	50-52°C / medium rare
	Hüftsteak	4 cm	6–8 Min. direkte mittlere Hitze / 4–6 Min. indirekte mittlere Hitze	50-52°C / medium rare
	Flanksteak	2 cm	8–10 Min. direkte mittlere Hitze	50-52°C / medium rare
	Skirtsteak	1 cm	4–6 Min. direkte starke Hitze	50-52°C / medium rare
	Hanging Tender	2,5 cm	8–10 Min. direkte starke Hitze	50-52°C / medium rare
	Burger Pattys	2 cm	4–6 Min. direkte mittlerer bis Hitze / 4 Min. indirekte mittlere Hitze	55-59°C / medium
	Fleischwürfel für Spieße	2,5 cm	4–6 Min. direkte starke Hitze	50-52°C / medium rare
	Rinderfilet am Stück	1,5-2 kg	15 Min. direkte mittlere Hitze / 30–35 Min. indirekte schwache Hitze	50-52°C / medium rare
	Roastbeef am Stück	2 kg	10 Min. direkte mittlere Hitze / 40–50 Min. indirekte mittlere Hitze	50-52°C / medium rare
	Hochrippe mit Knochen	3,5 kg	10 Min. direkte mittlere Hitze / 2–3 Std. indirekte schwache Hitze	50-52°C / medium rare
SCHWEIN	Spareribs	1,5 kg	3–4 Std. indirekte schwache Hitze	85-90°C
	Baby Back Ribs	1 kg	3–4 Std. indirekte schwache Hitze	85-90°C
	Filet	500 g	15–20 Min. direkte mittlere Hitze	63-68°C
	Nackensteak	2 cm	8–10 Min. direkte mittlere Hitze	63-68°C
	Kotlett mit Knochen	2,5 cm	8–10 Min. direkte mittlere Hitze	63-68°C
	Rücken ohne Knochen	1,5 kg	8–10 Min. direkte starke Hitze / 20–30 Min. indirekte mittlere Hitze	63-68°C
	Bratwurst roh	120 g je Stück	8–12 Min. direkte mittlere Hitze	71°C
	Bratwurst gebrüht	120 g je Stück	10–15 Min. direkte mittlere Hitze	71°C

GRILLGUT	GRÖSSE / DICKE	GRILLZEIT	KERNTEMPERATUR
GEFLÜGEL			
Hähnchenbrust	180-220 g	8-12 Min. direkte mittlere Hitze	71-75°C
Hähnchenflügel	60-80 g	30-35 Min. indirekte mittlerer Hitze / 5-8 Min. direkte mittlere Hitze	71-75°C
Hänchenkeule mit Knochen	300 g	40-50 Min. indirekte mittlerer Hitze / 8-10 Min. direkte mittlere Hitze	71-75°C
ganzes Hähnchen, klein	700-800 g	40-45 Min. indirekte starke Hitze	71-75°C
ganzes Hähnchen, groß	2 kg	1-1 1/2 Std. indirekte mittlere Hitze	71-75°C
Entenbrust	300-350 g	4-6 Min. direkte mittlerer Hitze / 6-8 Min. indirekte starke Hitze	60-62°C
FISCH / MEERESFRÜCHTE			
Fischfilet oder Steak	1 cm	6-8 Min. direkte starke Hitze	
Fischfilet oder Steak	2,5 cm	8-10 Min. direkte starke Hitze	
Fischfilet oder Steak	3 cm	10-12 Min. direkte starke Hitze	
Fisch im Ganzen	500 g	15-20 Min. indirekte mittlere Hitze	
Fisch im Ganzen	1 kg	20-30 Min. indirekte mittlere Hitze	
Fisch im Ganzen	1,5 kg	30-45 Min. indirekte mittlere Hitze	
Garnelen	40 g je Stück	2-4 Min. direkte starke Hitze	
Austern	100-120 g je Stück	5-7 Min. direkte starke Hitze	
Jakobsmuscheln	40 g je Stück	2-4 Min. direkte starke Hitze	
Hummerschwanz	180-200 g	7-10 Min. direkte mittlere Hitze	

Allgemeine Hitzegrade (niedrige bis starke Hitze) fürs Grillen stehen auf S. 36

ZARTES GEMÜSE *wie grüner Spargel, Frühlingslauch, gekochter Mais oder Pimientos Padron können über direkter mittlerer Hitze gegrillt werden. Festere Sorten wie z.B. Kartoffeln, Rote Bete, Zwiebeln oder Kürbis erst auf indirekter mittlerer Hitze vorgaren und dann auf direkter starker Hitze bis zum gewünschten Bräunungsgrad zu Ende grillen.*

Fleisch

WISSENSWERTES RUND UMS RIND

Man unterscheidet zwischen Fleisch-, Milch- oder Nutzvieh. Fleischrinder sind muskulöser und haben einen höheren Fettanteil als Milch- und Nutztiere.

Die wichtigsten Rinderrassen

Black Angus
Die Rinder mit tiefschwarzem Fell ohne Hörner stammen ursprünglich aus der Grafschaft Angus in Schottland, wurden dann aber zur beliebtesten Rinderrasse der USA. Sie wachsen sehr schnell und ihr Fleisch zeichnet sich durch eine kräftig rote Farbe und feine Fleischfaser aus.

Galloway
Die robuste Rinderrasse stammt aus Großbritannien und verbringt das ganze Jahr im Freien auf der Weide. Ihr mageres saftiges Fleisch besitzt eine leichte Wildnote.

Hereford
Ursprünglich aus Herefordshire, England, wurde diese Nutztierrasse zum Fleischrind umgezüchtet. Mittlerweile ist sie die meistverbreitete Rinderrasse weltweit. Die rot-weiß gescheckten Tiere verfügen über ein fein marmoriertes, zartes Fleisch mit einer kurzen Fleischfaser. Außerdem besitzt ihr Fleisch einen kräftig-aromatischen Geschmack.

Chianina
Die auffallend weißen Rinder zählen zur ältesten Rinderrasse Italiens. Die größten Rinder der Welt liefern auch die größten Fleischstücke. Das Fleisch dieser Rinderrasse gilt als das Beste der Toskana und wird für die Zubereitung des Bistecca Fiorentina verwendet.

Charolais
Diese durchgängig sehr helle große und muskulöse französische Rinderrasse liefert viel Fleisch, das fettarm und mild im Geschmack ist.

Simmentaler
Das rötliche Fleckvieh mit weißem Kopf ist heute eine in Deutschland sehr beliebte Rasse. Ihren Namen verdankt sie der ursprünglichen Herkunft aus dem Schweizer Simmental. Sie besitzt einen mageren trotzdem aromatischen hohen Fleischanteil.

Limousin
Mitten in Frankreich liegt das Limousin. Eine gebirgige Landschaft, die den gleichnamigen Rindern beste Bedingungen bietet. Ihr Fleisch ist auffallend zart und nur von wenigen Sehnen und Fett durchzogen. Wer auf seinen Cholesterinspiegel achten will, ist mit dieser Sorte gut beraten.

Kobe-Wagyu-Rinder
Die Königsklasse unter den Rindern. Wird ein Wagyu-Rind in der japanischen Region Kobe geboren, aufgezogen, gemästet und geschlachtet, darf es sich Kobe-Rind nennen. Hier können bei Versteigerungen Preise von 400 bis 600 Euro pro Kilogramm erzielt werden. Mittlerweile gibt es in verschiedenen Teilen der Welt Wagyuzüchter. Wagyu sind aufgrund der Qualität ihres Fleisches zurecht die teuersten Hausrinder der Welt. Keine andere Art bringt eine so starke Marmorierung mit sich. Das Fett schmilzt bei der Zubereitung und gibt ein einzigartiges buttriges Aroma ab.

MILCHKALB:
Männliche und weibliche Tiere ab 4, 5 Monate

KALB:
Männliche und weibliche Tiere bis 9 Monate

JUNGRIND:
Männliche und weibliche Tiere zwischen 8 bis 12 Monate

JUNGBULLE:
Männliches nicht kastriertes Tier bis 24 Monate

FÄRSE:
Weibliche Tiere, die noch nicht gekalbt haben

BULLE:
Männliche geschlechtsreife Tiere

OCHSE:
Männliche kastrierte Tiere

KUH:
Weibliche Tiere, die bereits gekalbt haben

MAINCUTS

❶ Rib-Eye-Steak/Entrecôte

Aus der Hochrippe geschnitten. Erkennbar am Fettauge, dem Rib-Eye. Das saftigste aller Steaks. Fein marmoriert und sehr aromatisch; 3 bis 4 cm dick. Den äußeren Fettrand bis auf 0,5 cm wegschneiden, damit es später beim Grillen zu keiner Flammenbildung kommt.
- Garmethode: **Direktes und indirektes Grillen**

❷ Tomahawk Steak

Rib-Eye mit extra langem Rippenknochen. Sehr zart und aromatisch durch den Knochen. Kann bis zu 1 bis 1,5 kg wiegen; 3 bis 4 cm dick.
- Garmethode: **Direktes Grillen**

❸ Tenderloin/Filet Mignon/Filetsteak

Gut abgehangenes, mageres, dunkelrotes Fleisch, von feinen Fettadern durchzogen. Das zarteste aller Steaks. Fettarm, wenig Eigenaroma; 2 bis 5 cm dick.
- Garmethode: **Direktes und indirektes Grillen**

Rumpsteak/Strip Loin/Roastbeef

Geschnitten aus dem mittleren bis hinteren Roastbeef. Mageres Fleisch mit festem Biss und sichtbarem Fettrand. Relativ fettarm und aromatisch; 3 cm dick.
- Garmethode: **Direktes und indirektes Grillen**

Strip Steak/Club Steak/Lendensteak

Geschnitten aus dem Übergang von Hochrippe zu hohem Roastbeef. Nicht ganz so zart wie aus dem mittleren Teil, mit gutem Biss. Relativ fettarm und sehr aromatisch; 2 cm dick.
- Garmethode: **Direktes Grillen**

Sirloin Steak

Englischer Ausdruck für ein dickes Steak aus dem hinteren Ende des flachen Roastbeefs. Es unterscheidet sich vom Rumpsteak nur durch sein Gewicht. Mit gutem Biss. Leicht marmoriert, mager und aromatisch; kann bis zu 2 kg wiegen.
- Garmethode: **Direktes und indirektes Grillen**

Rumpsteak/Hüftsteak

In den USA aus dem Hüftdeckel geschnitten. Ein mageres Stück ohne Marmorierung. Mager und aromatisch; 4 bis 5 cm dick.
- Garmethode: **Direktes und indirektes Grillen**

Bone in Prime Rib/Hochrippe

Rib-Eye-Steak zwischen der 8. und 12. Rippe aus dem Rücken geschnitten mit kurzem Knochen. Sehr zart und aromatisch durch den Knochen. Als Steak oder Braten kann es zwischen 1,5 bis 4 kg wiegen.
- Garmethode: **Direktes und indirektes Grillen**

T-Bone-Steak

Aus dem ganzen Rücken geschnitten mit Knochen. Kleiner Filetanteil und Rücken. Erkennbar am T-Knochen. Zart, mit Biss und aromatisch. Kann 800 bis 1000 g wiegen; 3 cm dick.
- Garmethode: **Direktes und indirektes Grillen**

Porterhousesteak

Aus dem ganzen Rücken geschnitten mit Knochen. Hoher Filet- und Rückenanteil. Zart, mit Biss und aromatisch. Kann bis zu 1,5 bis 2 kg wiegen; 3 cm dick.
- Garmethode: **Direktes und indirektes Grillen**

Maincuts sind die wohl bekanntesten Fleischzuschnitte bei Rindfleisch und bedürfen einer sensiblen und genauen Zubereitung, da sie je nach Qualität sehr kostspielig sind.

SIDECUTS

❶ Flap Steak/Bavette

Aus dem Bauchmuskel unterhalb des Brustkorbs geschnitten. Es liegt zwischen Brisket und Flanksteak. Unter Kenner*innen ein echtes Highlight. Grobfaserig und stark marmoriert. Leicht durchwachsen und aromatisch; 3 bis 4 cm dick.
- Garmethode: **Direktes und indirektes Grillen**

❷ Flanksteak/Bauchlappen

Geschnitten aus dem Bauchlappen der Dünnung. Sehr flach und oval. Durch seine langen Fasern fest im Biss, aber intensiv im Geschmack. Sollte möglichst medium rare gegart und quer zur Faser geschnitten werden; 2 bis 3 cm dick.
- Garmethode: **Direktes Grillen**

❸ Hanging Tender/Nierenzapfen/Kronfleisch

Stark marmorierter Muskel des Zwerchfells. Fest im Biss, sehr saftig und aromatisch. Sollte möglichst medium rare gegart werden; 3 bis 4 cm dick.
- Garmethode: **Direktes Grillen**

Skirt Steak/Kronfleisch oder Saumfleisch

Aus dem Zwerchfell geschnitten. Grobfaserig, fest im Biss, fettmarmoriert und sehr aromatisch. Sollte möglichst medium rare gegart werden; 2 cm dick.
- Garmethode: **Direktes Grillen**

Denver Cut Steak/Nacken

Das Herzstück des Rindernackens und ein Zuschnitt aus dem Chuck Eye Roll. Gut durchwachsen mit hohem Anteil intramuskulären Fetts und intensiver Marmorierung. Intensiv und sehr aromatisch; 3 bis 4 cm dick.
- Garmethode: **Direktes und indirektes Grillen**

Flat Iron/Schaufelstück

Aus der oberen Schulter geschnitten. Ein flaches Stück, das der Form eins Bügeleisens ähnelt. Fein marmoriert und aromatisch. Am saftigsten ist es bei einer Kerntemperatur von 52°C. Der Geheimtipp zum Kurzgrillen; 2 bis 3 cm dick.
- Garmethode: **Direktes Grillen**

Tri Tip/Bürgermeisterstück/Pastorenstück

Aus dem vorderen Stück der Keule geschnitten. Dreieckig, nicht besonders groß, aber zart und kurzfaserig. Fettarm und aromatisch. Wird meistens gut gereift im Ganzen gegrillt; 3 bis 4 cm dick.
- Garmethode: **Direktes und indirektes Grillen**

Spidersteak/Kachelfleich

Aus der Keule auf dem Schlossknochen herausgeschnitten, auch Fledermaussteak genannt. Hat seinen Namen durch das Muster seiner Fleischfasern, das an ein Spinnennetz oder die Form einer Fledermaus erinnert. Stark marmoriert und sehr aromatisch; 4 bis 5 cm dick.
- Garmethode: **Direktes und indirektes Grillen**

Sidecuts sind Zuschnitte, die ursprünglich zum Kochen oder Schmoren verwendet wurden. Ihre Beliebtheit wächst stetig, weil sie meist aromatischer sind. Auch ihre Fleischfasern haben eine andere Textur. Sie sind deutlich günstiger im Vergleich zu Maincuts.

FLEISCHREIFUNG

Wetaging

Wetaging bzw. Nassreifen ist vor ca. 50 Jahren mit der Erfindung des Vakuumbeutels entstanden. Dabei wird dem Fleisch unter Vakuum der Sauerstoff entzogen, dann wird es zum Reifen 10 bis 28 Tage kühl gelagert. Im Fleisch beginnen nun Milchsäurebakterien die Proteine und Fette zu spalten und das Fleisch zart zu machen. Der entstehende Fleischgeschmack wird als leicht metallisch-säuerlich beschrieben. Aus dem Plastikbeutel entweicht kein Wasser. Das Fleisch ist nach der Reifung noch genauso schwer wie vorher. Das Wasser im Fleisch kann ebenfalls berechnet werden. Das Wasserbindevermögen ist bei dieser Art der Fleischreifung nicht stark ausgeprägt, das Fleisch verliert in der Pfanne an Volumen. Nassreifung ist in Deutschland das häufigste Reifeverfahren.

Dryaging

Dryaging oder Trockenreifung genannt. Sie ist das traditionelle Verfahren, das durch die Nassreifung stark verdrängt wurde. Ganze Rinderhälften oder ganze Rinderrücken mit Knochen werden in einem trockenen Kühlraum bei konstanter Temperatur und Luftfeuchtigkeit aufgehängt und verlieren während der Reifezeit von 3 bis 8 Wochen Feuchtigkeit in Form von Wasser. Das kann im Höchstfall bis zu 40 Prozent des ursprünglichen Gewichts sein. Der Geschmack des Fleisches konzentriert sich. Bei dieser Art von Reifung wirken nicht die Milchsäurebakterien, sondern Enzyme im Fleisch. Es entstehen unter anderem Aminosäuren, die einen intensiven, nussigen Fleischgeschmack fördern. Das Fleisch hat nach dieser Reifung eine gute Wasserbindefähigkeit und behält bei der Zubereitung seine Größe.

Cocooning

Bei diesem 200 Jahre altem, inzwischen wieder neu entdeckten Verfahren wird das Fleisch mehrfach in fast abgekühlten aber noch flüssigen Rindertalg getaucht, bis eine Art Kokon entstanden ist. Ein Verfahren, das quasi ein Mittelding zwischen Wet- und Dryaging ist. Der Talg wirkt wie eine Membran, die zwar Feuchtigkeit entweichen lässt, gleichzeitig aber negative äußere Einflüsse abhält. Das Ergebnis ist aromatisch-würziges, zartes Fleisch. Satt Rindertalg kann man auch gesalzene Butter verwenden.

Aquaaging

Aquaaging ist eine relativ neue Methode, um Steaks noch zarter zu machen. Das Fleisch wird vier Wochen in Mineralwasser eingelegt, bis es seine optimale Reife entwickelt hat. Dabei ist das richtige Verhältnis von Wasser, Mineralien, Kohlensäure und Fleisch ganz entscheidend. Nur bei einer hohen Kohlensäurekonzentration wird das Fleisch optimal mit Mineralien und Spurenelementen versorgt, die ihm Zartheit und einen leicht mineralischen Geschmack verleihen.

Lumaaging

Bei diesem Verfahren kommt ein spezieller, nicht giftiger Edelschimmelpilz zum Einsatz, der bewirken soll, dass Fleischstücke vom Rind maximal zart reifen und ein einzigartig nussiges Aroma erhalten. Der Pilz bzw. dessen Enzym ergänzt die gewöhnliche Reifung, indem er das Fleisch gleichmäßig durchwächst, nussig aromatisiert und zähes Bindegewebe abbaut.

Homemade Dryaging

Wer einmal ohne viel Aufwand selbst dryagen möchte, braucht nur ein Vakuumgerät und Dry-age-Vakuumbeutel. Dieses Zubehör können Sie online bestellen. Kaufen Sie ein größeres Fleischteil von etwa 1,5 bis 2,5 kg, z.B. ein Roastbeef oder ein Rib-Eye, welches standardmäßig schon 10 bis 14 Tage gereift wurde ❶. Im Dryage-Vakuumbeutel vakuumieren ❷ und auf einem kleinen Gitterrost im Kühlschrank weitere 14 bis 21 Tage reifen lassen ❸, damit die Luft zirkulieren kann. Dabei alle zwei Tage einmal wenden. Nach dem Reifeprozess etwas von der angetrockneten äußeren Fleischschicht entfernen ❹, in 3 cm dicke Steaks schneiden und ab auf den Grill damit.

GARSTUFEN FÜR STEAKS

well done/durch: .... 68 bis 70°C

medium rare/sehr rosa: .... 45 bis 52°C
medium/rosa: .... 55 bis 59°C
medium well/fast durch: .... 65°C

rare/blutig: .... 42 bis 45°C

blue/roh: .... 20°C

TIPPS FÜR DEN EINKAUF VON RINDFLEISCH

"

▶ Gehen Sie nur zu einem Metzger Ihres Vertrauens, der die Herkunft seiner Ware kennt. Artgerechte Tierhaltung ist ein wichtiges Kriterium!

▶ Achten Sie beim Kauf vor allem auf den intramuskulären Fettanteil, die Marmorierung. Fett ist Geschmacksträger und sorgt dafür, dass das Fleisch nach dem Grillen saftig bleibt.

▶ Auch die Farbe ist entscheidend. Je dunkler das Fleisch, desto älter das Tier. Ältere Tiere sind meist intensiver und besser im Geschmack als junge. Gut gereift wird das Fleisch auf dem Grill genauso zart wie das von jungen Tieren.

▶ Die zartesten Stücke kommen aus wenig beanspruchten Körperteilen, wie zum Beispiel aus dem Rücken (Filet/Rumpsteak/Rib-Eye etc.).

▶ Je mehr Anteil an Bindegewebe ein Fleischstück besitzt, desto länger ist seine Gardauer. Doch mit etwas Geduld kann man auch aus solchen Stücken wunderbare Grillgerichte zubereiten.

▶ Rindfleisch sollte mindestens 3 bis 5 Wochen am besten trocken gereift sein und mindestens 3 bis 5 cm dick geschnitten werden.

▶ Sollte Ihr Metzger spezielle Fleischschnitte nicht anbieten, können Sie auch bei spezialisierten Online-Fleischhändlern bestellen. Die Logistik ist heutzutage so gut, dass die Lieferung ohne Kühlkettenunterbrechung bei Ihnen innerhalb von 24 bis 48 Stunden ankommt.

"

DAS RICHTIGE STEAKMESSER

Genauso wichtig wie die Fleischqualität ist die Qualität des Werkzeugs. Was nützt einem das schönste Steak, wenn man es nicht richtig schneiden kann? Deshalb empfehle ich, sich ein gutes Steakmesserset anzuschaffen, das nur zum Schneiden von Gegrilltem benutzt wird. Oberste Regel: nie in die Spülmaschine!

Ein Steakmesser sollte sehr scharf sein, um das Fleisch zu schneiden, ohne dabei den Fleischsaft herauszudrücken. Meist bestehen solche Sets aus vier Messern. Die Preisunterschiede sind zum Teil erheblich, was sich aus den unterschiedlichen Qualitäten und Materialien ergibt. Ich empfehle Sets ab 50 € aufwärts.

Die richtige Wahl

Glattschliff

Vorteile
Ein Steakmesser mit Glattschliff liefert einen sauberen Schnitt bei allen Garstufen. Dabei werden die Fleischfasern nicht zerrissen, sondern sauber geschnitten. Wird es mit der Zeit stumpf, kann es mit wenig Aufwand nachgeschliffen werden.

Nachteile
Leider macht der Glattschliff die Klinge empfindlich für Abnutzung und Stumpfwerden. Die Hersteller arbeiten mit besonderen Stahlsorten gegen eine zu schnelle Abnutzung, das treibt allerdings auch den Preis in die Höhe. Zusammenfassend sind Steakmesser mit Glattschliff teurer und die Schnitthaltigkeit ist begrenzt. Wen man sie gut pflegt und nur für ihre Zwecke einsetzt, halten sie sehr lange.

Wellenschliff

Vorteile
Ein Steakmesser mit Wellenschliff lohnt sich, wenn viel und häufig gegrillt wird, da es eine höhere Schnitthaltigkeit aufweist. Die Anschaffung kann günstiger als bei Steakmessern mit Glattschliff ausfallen, da der Stahl nicht so hochwertig sein muss.

Nachteile
Wird das Steakmesserset mit Wellenschliff stumpf, ist es schwer nachzuschärfen. In der Regel wird dies dem Fachmann überlassen, was natürlich kostet. Hier hängt es vom Preis des Steakmessersets ab, ob sich ein Nachschärfen lohnt oder ob man mit dem Kauf eines neuen Sets besser bedient ist.

Mit Verzahnung (Mikroverzahnung)

Vorteile
Jedes Grillgut, egal in welchem Garzustand, wird mit einem Steakmesser mit Verzahnung leicht zerteilt. Die meiste Arbeit erledigt dabei die Verzahnung, was den Benutzer entlastet. Ein solches Messer wird sehr lange seine Aufgabe erfüllen, bevor es stumpf wird. Es ist deshalb auch gut für Viel-Griller*innen geeignet. Da sie weniger abnutzen, kann auch weniger hochwertiger Stahl verwendet werden. Dadurch sind günstigere Preise möglich.

Nachteil
Man kann es praktisch nicht selbst schärfen, wenn es stumpf geworden ist. Dazu wird eine spezielle Ausrüstung benötigt und der Aufwand ist hoch. Auch hier stellt sich die Frage, ob der Kaufpreis ein Nachschärfen rechtfertigt. Diese Messer sollten nur zum Grillgutschneiden verwendet werden, da sonst die Klinge zerstört wird und damit auch die Schärfe verloren geht.

Denver Cut Steak mit Spargel

ZUTATEN:

Für die Steaks:

* 4 Denver Cut Steaks (à 180–200 g, mindestens 2,5 cm dick)
* 2 EL Maiskeimöl
* feines Meersalz
* Pfeffer aus der Mühle

Für die Sauce:

* 200 ml Ketchup
* 50 ml Rübensirup
* 30 ml Bourbon Whiskey
* 30 ml Apfelsaft
* 1 TL Classic-BBQ-Rub (s. Seite 302)
* 1 TL Tabsaco Chipotle
* 1 TL Worcestershiresauce

Außerdem:

* grüner Spargel und Karamell-Zwiebeln (s. Seite 211)
* Röstzwiebelasche-Salz (s. Seite 290)

FLEISCHSCHNITT:

Denver Cut (Halsmuskel)

ZUBEHÖR:

Grillthermometer, Grillzange

ZUBEREITUNG:

1 Den Grill mit geschlossenem Deckel auf **250 bis 300 °C** für direktes und indirektes Grillen vorheizen. Die Steaks mit etwas Öl einpinseln und mit Salz und Pfeffer bestreuen. Für die Sauce alle Zutaten miteinander verrühren.

2 Die Steaks bei direkter Hitze mit geschlossenem Deckel von beiden Seiten jeweils **3 bis 4 Minuten** scharf angrillen. Die Temperatur auf **150 °C** reduzieren und die Steaks bei indirekter Hitze 10 bis 12 Minuten fertig garen. Die optimale Kerntemperatur für Denver Cut Steaks liegt **zwischen 52 bis 54 °C.** Die Steaks in Butcherpapier wickeln und **5 Minuten** ruhen lassen

3 Die Steaks gegen die Faser aufschneiden und mit Spargel, Zwiebeln, der Sauce und Röstzwiebelasche-Salz bestreut servieren.

TIPP:

Statt dem Denver Cut Steak können Sie auch jedes andere Steak verwenden. Wichtig ist nur, dass es dieselbe Dicke wie im oben beschriebenen Rezept hat.

Smoked Beef Brisket
King of BBQ

ZUTATEN:

* 5–6 kg Brisket (küchenfertig ohne Fettauflage)
* 50 ml Maiskeimöl
* 100 g Classic BBQ- oder Kaffee-Rub
  (s. Seite 302/303)
* 500 ml Apfelsaft
* 250 ml Apfelessig

FLEISCHSCHNITT:

Rinderbrust (Brisket)

ZUBEHÖR:

*3–4 Hände Räucherchunks, Grillschale 25 x 20 cm,
Sprühflasche, Butcherpapier*

*Das Brisket besteht aus zwei Muskelteilen,
dem Flat und dem Point. Das Flat ist das
flache und magere Stück, das Point die
dickere und stärker marmorierte Seite.*

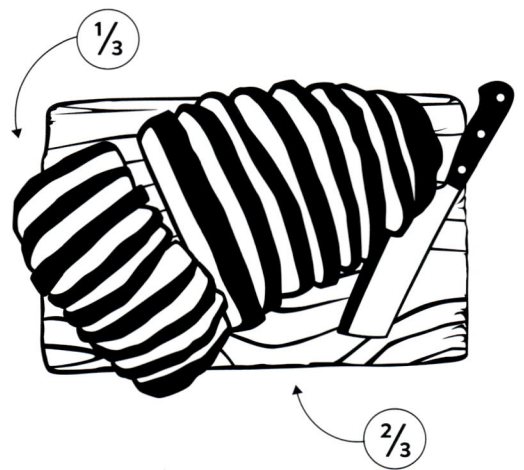

*Beim Aufschneiden darauf achten, das Flat quer zur
Faserrichtung zu schneiden. Am Ende beginnen und
zwei Drittel des Stücks in bleistiftdicke Scheiben bis
zum Point aufschneiden. Das Point um 90° drehen,
mittig teilen und die Hälften in Scheiben schneiden.*

ZUBEREITUNG:

1   Das Fleisch erst mit Öl einreiben und dann mit dem Rub auf beiden Seiten gleichmäßig bestreuen und 1 Stunde ziehen lassen.

2   Den Grill mit geschlossenem Deckel auf **120 bis 130 °C** für indirektes Grillen mit einem Kohlering (s. Seite 33) oder den Smoker vorheizen. Die Räucherchunks mindestens **1 Stunde** in Wasser einweichen. Eine Grillschale mit Wasser füllen und indirekt neben der Grillkohle oder im Smoker unter dem Rost platzieren.

3   Die Chunks abtropfen lassen und auf die Grillkohle oder angezündet in eine Räucherbox für den Gasgrill legen. Das Brisket bei indirekter Hitze mit geschlossenem Deckel oder im Smoker **3 bis 4 Stunden** garen. Hin und wieder die Temperatur kontrollieren.

4   Die Temperatur auf **125 bis 135 °C** erhöhen. Apfelsaft und Essig in eine Sprühflasche füllen und das Fleisch alle **30 Minuten** kräftig damit einsprühen. Weitere **2 Stunden** garen.

5   Das Fleisch noch einmal einsprühen und jeweils doppelt in Butcherpapier einschlagen, damit keine Feuchtigkeit entweichen kann. Weitere **2 bis 4 Stunden** garen. Die optimale Kerntemperatur liegt zwischen **92 und 96 °C**. Am Schluss das Fleisch etwa **1 bis 2 Stunden** ruhen lassen, bis die Kerntemperatur des Fleisches **65 bis 70 °C** beträgt. Dafür verwende ich eine Kühlbox; da sie isoliert, hält sie auch warm! Den Fleischsaft aufheben und später zum Fleisch servieren.

6   Vor dem Servieren das Flat quer zur Faser in 1 bis 1,5 cm dicke Scheiben schneiden. Das ist ungefähr ein Drittel bis die Hälfte des Fleischstücks. Das Point einmal längs durchschneiden, dann sieht man, wie die Fasern verlaufen. Das restliche Fleisch quer zur Faser aufschneiden.

TIPP:

Das Brisket frisch aufgeschnitten mit BBQ-Sauce, Gewürzgurken, etwas Brot und in Zucker und Essig marinierten Zwiebelringen genießen. Natürlich können Sie das Fleisch auch mit jeder anderen Beilage aus diesem Buch servieren oder als eine Art Burger oder Sandwich genießen.

2

3

4

1. Die Fettauflage des Briskets mit einem Messer entfernen.

2. Das Fleisch erst mit Öl einreiben und dann auf beiden Seiten gleichmäßig mit dem Rub bestreuen.

3. Apfelsaft und Essig in eine Sprühflasche füllen und das Fleisch alle 30 Minuten kräftig damit einsprühen.

4. Das Fleisch zum Ruhen in Butcherpapier einschlagen.

Barbacoa Beef Tacos

ZUTATEN:

* 1,5 kg Hochrippe oder Rinderhals
* 2 rote Zwiebeln
* 4 Knoblauchzehen
* 3 EL Maiskeimöl
* 2 TL gemahlener Kreuzkümmel
* ½ TL gemahlene Nelken
* 2 TL getrockneter Oregano
* 2 Lorbeerblätter
* ½ Zimtstange
* 800 ml Rinderbrühe
* 50 ml Apfelessig
* 30 g Chipotle in Adobo (Online)
* Salz
* Pfeffer aus der Mühle

Für die eingelegten Zwiebeln:

* 400 g rote Zwiebeln
* 80 g Zucker
* 80 ml Apfelessig

Für die Avocadosalsa:

* 2 Avocados
* 2 EL Limettensaft
* Salz
* Pfeffer aus der Mühle

Außerdem:

* ¼ Rotkohl
* 1 Bund Koriander
* 12–18 Weizen- oder Maistortillas (ca. 12–15 cm ø)

FLEISCHSCHNITT:

Hochrippe oder Rinderhals

ZUBEHÖR:

Dutchoven

ZUBEREITUNG:

1 Den Grill mit geschlossenem Deckel auf **150 bis 160 °C** für indirektes Grillen mit dem Dutchoven vorheizen.

2 Das Fleisch in 4 x 4 cm große Würfel schneiden. Zwiebeln und Knoblauch schälen und in grobe Stücke schneiden. Das Öl im Dutchoven erhitzen und das Fleisch darin rundherum kräftig anbraten. Zwiebeln, Knoblauch und die Gewürze **2 bis 3 Minuten** mitbraten. Rinderbrühe, Essig und Chipotle in Adobo dazugeben und mit Salz und Pfeffer würzen.

3 Das Barbacoa **4 bis 5 Stunden** zugedeckt auf dem Grill schmoren lassen. Nach **2 bis 3 Stunden** nachsehen, ob noch genügend Flüssigkeit im Topf ist. Gegebenenfalls mit etwas Wasser auffüllen.

4 Für die eingelegten Zwiebeln die Zwiebeln schälen, halbieren und in feine Streifen schneiden. 80 ml Wasser, Zucker und Apfelessig aufkochen. Abkühlen lassen und über die Zwiebelstreifen gießen.

5 Für die Avocadosalsa die Avocados halbieren, den Stein entfernen und das Fruchtfleisch mit einem Löffel aus der Schale heben. Grob hacken und mit Limettensaft, Salz und Pfeffer würzen. Den Rotkohl in feine Streifen hobeln oder schneiden und klein hacken. Koriander waschen, trocken schütteln, mit den Stielen grob hacken und mit dem Kohl mischen.

6 Nach dem Garen Lorbeerblätter und Zimtstange entfernen und das Fleisch mit einem Kartoffelstampfer oder zwei Gabeln zerrupfen. Die Tortillas auf dem Grill erwärmen, mit Rotkohl, Fleisch, Avocadosalsa und den Zwiebeln belegen und servieren.

Flanksteak Caveman Style

ZUTATEN:

Für das Steak:

* 2 Flanksteaks (à 500–600 g, mindestens 2 cm dick)
* Pfeffer aus der Mühle

Außerdem:

* 500 g gegarte kleine Kartoffeln mit Schale
* Kartoffelsalz (s. Seite 291)
* Bacon-Chipotle-Slaw (s. Seite 236)

FLEISCHSCHNITT:

Flanksteak

ZUBEHÖR:

Grillthermometer, Grillzange, Thermohandschuhe

Butcherpapier ist eine tolle Alternative zu umweltschädlicher Alufolie. Ich verwende es zum Beispiel beim Smoken in der Ruhephase am Ende der Garzeit sowie beim Zubereiten dicker Steaks, damit das Fleisch sich nach dem Grillen entspannen kann. Das Papier können Sie online bestellen.

ZUBEREITUNG:

1 Den Grill anzünden und warten, bis sich eine schöne Glut gebildet hat. Die Glut gleichmäßig und flach am Grillboden verteilen. Große Glutstück mit einer Grillzange zerbrechen. Sobald sich eine weiße Ascheschicht gebildet hat, diese kurz wegfächern und die Steaks und die Kartoffeln direkt in die Glut legen. Nach **3 bis 4 Minuten** wenden und weitere **3 bis 4 Minuten** grillen. Die optimale Kerntemperatur liegt zwischen **50 und 52 °C**.

2 Die Steaks aus der Glut nehmen und mit einem Pinsel Holzkohle oder Aschereste entfernen. In Butcherpapier wickeln und **5 Minuten** ruhen lassen. Vor dem Servieren mit Pfeffer und Kartoffelsalz betreuen und mit dem Bacon-Chipotle-Slaw servieren.

TIPP:

Fleisch sollte immer Raumtemperatur haben, bevor Sie es auf den Grill legen. Also: 1 bis 2 Stunden vor der Zubereitung aus dem Kühlschrank nehmen!

Rumpsteak mit Rosmarin, Kürbis und Chimichurri

ZUTATEN:

* 2–3 kleine Kürbisse (à 400-500 g)

Für die Steaks:
* 4 Rumpsteaks (à 250–300 g, mindestens 3 cm dick)
* 2 EL Maiskeimöl
* 2–3 TL Kaffee-Rub (s. Seite 303)

Außerdem:
* 1 Bund Rosmarin
* Pfeffer aus der Mühle
* 4 EL Olivenöl
* grobes Salz
* Chimichurri (s. Seite 294)

FLEISCHSCHNITT:
Rumpsteak

ZUBEHÖR:
Gitterrost, Grillzange, Grillthermometer

ZUBEREITUNG:

1 Ein Lagerfeuer anzünden und das Holz herunterbrennen lassen, bis sich Glut gebildet hat. Die Kürbisse mit einer Gabel mehrfach einstechen und im Abstand von 20 cm an das Feuer stellen. Alle **20 Minuten** etwas drehen, damit sie gleichmäßig Hitze bekommen. Den Rosmarin in kaltem Wasser einweichen. Die Steaks mit etwas Öl einpinseln und gleichmäßig mit dem Rub bestreuen.

2 Den Grillrost etwa 20 cm über der Glut platzieren. Die Steaks jeweils **2 bis 3 Minuten** von beiden Seiten scharf angrillen. Mit einer Grillzange die Glut unter dem Rost in Richtung Kürbisse schieben, um die Hitze zu reduzieren. Die Steaks weitere **8 bis 10 Minuten** grillen.

3 Zum Schluss den abgetropften Rosmarin in die Glut unter den Grillrost geben und abbrennen lassen. Die optimale Kerntemperatur für Rumpsteaks liegt zwischen **52 bis 56°C.**

4 Die Kürbisse halbieren und mit Olivenöl, Salz und Pfeffer würzen. Mit den Steaks und Chimichurri servieren.

TIPP:

Auf einer Feuerschale über der Glut lässt sich Gemüse oder Fleisch auch gut grillen. Die Sauce kann man einfach in einem hitzebeständigen Kochgeschirr direkt in der Glut erwärmen.

Skirt-Steak-Sandwich mit Apfel-Fenchel-Slaw

ZUTATEN:

Für die Steaks:
* 2 Skirt-Steaks oder Hanging Tender
  (à 450–500 g, mindestens 1,5 cm dick)
* 2 EL Maiskeimöl
* 2–3 TL Classic BBQ-Rub (s. Seite 302)

Außerdem:
* 500 g Weizenmischbrot
* 2 EL weiche Butter
* 4 EL Mayonnaise
* Apfel-Fenchel Cole Slaw (s. Seite 236)
* BBQ-Sauce (s. Seite 295)
* 30 g Schweinekrustenchips (Supermarkt)

FLEISCHSCHNITT:
Skirt-Steak (Kronfleisch)

ZUBEHÖR:
Butcherpapier, Grillzange, Pinsel

ZUBEREITUNG:

1 Den Grill mit geschlossenem Deckel auf **230 bis 250 °C** für direktes Grillen vorheizen. Die Steaks mit Öl einpinseln und gleichmäßig mit dem Rub würzen. Bei direkter Hitze mit geschlossenem Deckel von beiden Seiten jeweils **3 bis 4 Minuten** scharf angrillen. In Butcherpapier wickeln und **5 Minuten** ruhen lassen.

2 Das Brot in acht 1,5 cm dicke Scheiben schneiden und mit etwas Butter einpinseln. Bei direkter Hitze von beiden Seiten **1 Minute** goldbraun rösten.

3 Die Steaks quer zur Faser in lange dünne Scheiben schneiden und dann noch einmal in 3 bis 4 cm dicke Stücke schneiden. Je 4 Brotscheiben mit Mayonnaise bestreichen, darauf den Apfel-Fenchel-Slaw, Steakstreifen, BBQ-Sauce und Krustenchips legen. Den Deckel auflegen und servieren.

TIPP:
Statt als Sandwich können Sie die Steaks auch mit karamellisiertem Wurzelgemüse (s. Seite 238) und Hush Puppies (s. Seite 254) servieren.

Rückwärts gegrilltes Rib-Eye mit Grillzitrone

ZUTATEN:

Für das Steak:

* 2 Rib-Eye-Steaks (à 600–700 g, mindestens 3 cm dick)
* 2 EL Maiskeimöl
* 2 EL Kaffee-Rub oder Classic-BBQ-Rub (s. Seite 302/303)
* 1 Bund Rosmarin

Außerdem:

* 2 Bio-Zitronen
* Rohrzucker
* Smashed Potatoes (s. Seite 251)
* Petersilienbutter mit geröstetem Knoblauch (s. Seite 292)
* Fleur de Sel

FLEISCHSCHNITT:

Rib-Eye-Steak

ZUBEHÖR:

Grillthermometer, Butcherpapier

Das sogenannte Reverse-seared-Verfahren, also Rückwärtsgrillen, empfehle ich immer bei großen Steaks ab einer Dicke von 3 cm aufwärts. Es hat den Vorteil, dass das Fleisch nicht verbrennt und die sogenannten Grillmarks bzw. Röstaromen am Ende des Garvorgangs besser kontrolliert werden können. Kurz gesagt, Fleisch bei niedriger Hitze ohne Angrillen auf Temperatur bringen und dann bei hoher Hitze scharf anbraten.

ZUBEREITUNG:

1 Den Grill mit geschlossenem Deckel auf **130 bis 150°C** für indirektes Grillen vorheizen. Die Steaks mit etwas Öl einpinseln und mit dem Rub bestreuen. Die Steaks auf den Rosmarinzweigen bei indirekter Hitze mit geschlossenem Deckel **30 bis 40 Minuten** garen. Die optimale Kerntemperatur liegt zwischen **48 und 50°C**.

2 Die Temperatur auf dem Grill auf **300 bis 350°C** erhöhen und das Fleisch von jeder Seite **2 bis 3 Minuten** scharf angrillen. Die optimale Kerntemperatur liegt zwischen **52 und 56°C**. Die Steaks in Butcherpapier wickeln und **5 Minuten** ruhen lassen

3 Die Zitronen heiß abwaschen, abtrocknen, halbieren, in den Rohrzucker drücken und an der Schnittfläche bei direkter Hitze **1 bis 2 Minuten** karamellisieren lassen. Steaks mit Grillzitrone, Smashed Potatoes, Petersiliehbutter und Fleur de Sel servieren.

TIPP:

Für den reinen Fleischgeschmack können Sie das Fleisch auch nur mit Salz würzen und erst nach dem Grillen frisch gemahlenen Pfeffer darüberstreuen.

Kalbsbrust mit Cajun-Rub und Pflaumen-Mop

ZUTATEN:

* 1 kg Kalbsbrust
* 1 Rezept Cajun-Rub (s. Seite 302)
* 1 Rezept Pflaumen-Mop (s. Seite 305)
* Öl für den Grillrost
* 2–3 Handvoll gewässerte Holzchips

FLEISCHSCHNITT:
Kalbsbrust

ZUBEHÖR:
Grill mit Deckel, 1 bis 2 Handvoll Holzchips

ZUBEREITUNG:

1 Die Kalbsbrust nur vom festen Fett befreien (siehe Tipp) und rundum mit dem Cajun-Rub einreiben. Zugedeckt mindestens **30 Minuten** bei Zimmertemperatur, am besten aber über Nacht im Kühlschrank marinieren.

2 Den Grill mit geschlossenem Deckel auf **etwa 180 °C** für indirekte Hitze vorheizen. Die Holzchips mindestens **1 Stunde** in Wasser einweichen.

3 Die Kalbsbrust bei indirekter Hitze mit geschlossenem Deckel **2 bis 2 Stunden 30 Minuten** grillen. Das Fleisch nach und nach mit dem Pflaumen-Mop bestreichen, bis dieser aufgebraucht ist.

4 Die Holzchips abtropfen lassen und auf die Grillkohle oder angezündet in eine Räucherbox für den Gasgrill legen. Die Kalbsbrust damit räuchern. Die optimale Kerntemperatur für die Kalbsbrust beträgt **75 bis 78 °C**.

TIPP:

Entfernen Sie bei der Kalbsbrust nur das feste Fett. Das dünnere, weichere Fett muss für die Zubereitung auf dem Grill dranbleiben, damit das Fleisch nicht austrocknet und schön saftig bleibt.

Roastbeef mit gefüllten Kartoffeln

ZUTATEN:

Für die gefüllten Kartoffeln:

* 20 gegarte La-Ratte-Kartoffeln
* 2 Knoblauchzehen
* 100 g Mascarpone
* 50 g saure Sahne
* Salz
* Pfeffer aus der Mühle
* 10 Scheiben Frühstücksspeck (Bacon)

Für die Frühlingszwiebeln:

* 1 Bund Frühlingszwiebeln
* Olivenöl zum Bestreichen
* Salz
* Pfeffer aus der Mühle

Für das Roastbeef:

* 4 trocken gereifte Roastbeefs
  (à 300–350 g)
* Öl zum Bestreichen
* Salz
* Pfeffer aus der Mühle

FLEISCHSCHNITT:

Trocken gereiftes Roastbeef

ZUBEHÖR:

Grill mit Deckel

ZUBEREITUNG:

1 Den Grill mit geschlossenem Deckel auf **etwa 250 °C** für direktes und indirektes Grillen vorheizen.

2 Für die gefüllten Kartoffeln die Kartoffeln mit Schale längs halbieren und vorsichtig bis auf einen dünnen Rand aushöhlen. (Das Fruchtfleisch für ein Salatdressing verwenden.) Den Knoblauch schälen und in feine Würfel schneiden. Mit dem Mascarpone und der sauren Sahne verrühren, mit Salz und Pfeffer würzen und in die Hälften füllen. Die Speckscheiben längs halbieren. Die Kartoffelhälften zusammensetzen und mit Speck umwickeln.

3 Die Frühlingszwiebeln putzen, waschen und mit Olivenöl bestreichen sowie mit Salz und Pfeffer würzen.

4 Für das Roastbeef das Fleisch mit Öl bestreichen und mit Salz und Pfeffer würzen. Das Fleisch bei direkter Hitze mit geschlossenem Deckel **1 bis 2 Minuten** grillen, bis sich ein Muster abzeichnet. Die Steaks bei indirekter Hitze weitere **4 bis 5 Minuten** grillen und anschließend **5 bis 10 Minuten** ohne Hitze ruhen lassen.

5 Die gefüllten Kartoffeln bei indirekter Hitze **6 bis 8 Minuten** grillen, bis der Speck knusprig braun ist. Die Frühlingszwiebeln bei direkter Hitze **2 bis 3 Minuten** auf Sicht grillen. Die Roastbeefs mit den gefüllten Kartoffeln und den Frühlingszwiebeln auf Tellern anrichten und sofort servieren.

TIPP:

Anstelle der La-Ratte-Kartoffeln eignen sich auch Bamberger Hörnchen oder Drillinge zum Füllen.

Smoked Short Ribs

ZUTATEN:

* 2–2,5 kg Short Ribs (4 Knochen)
* 50 g Classic BBQ-Rub (s. Seite 302)
* 500 ml Apfelsaft
* 250 ml Apfelessig

FLEISCHSCHNITT:

Fleischrippchen vom Rind

ZUBEHÖR:

2–3 Hände Räucherchunks, Grillschale 25 x 20 cm,
Sprühflasche, Butcherpapier

Die Qualität des Fleisches sollte oberste
Priorität haben. Gut marmoriertes Fleisch
bringt mehr Aroma als mageres. Short Ribs
sind keine kurzen Rippen, wie der Name
vermuten lässt. Die Bezeichnung leitet sich
ab von Short plate, das ist der vordere
Bereich der Brust und der hinteren Flanke.
Sollten Sie die Möglichkeit bekommen,
sogenannte Chuck Short Ribs zu kaufen:
Sofort zuschlagen! Sie liegen hinter der
Hochrippe und gelten als die besten.

ZUBEREITUNG:

1   Das Fleisch gleichmäßig mit dem BBQ-Rub bestreuen und **30 Minuten** ziehen lassen.

2   Den Grill mit geschlossenem Deckel auf **120 bis 130 °C** für indirektes Grillen mit einem Kohlering (s. Seite 33) oder dem Smoker vorheizen. Die Räucherchunks mindestens **1 Stunde** in Wasser einweichen.

3   Die Chunks abtropfen lassen und auf die Grillkohle oder angezündet in eine Räucherbox für den Gasgrill legen. Die Ribs mit der Fleischseite nach oben bei indirekter Hitze oder im Smoker mit geschlossenem Deckel **3 Stunden** garen. Dabei hin und wieder die Temperatur kontrollieren. Apfelsaft und Essig in eine Sprühflasche füllen und die Ribs alle **45 Minuten** kräftig einsprühen. Weitere **3 Stunden** garen.

4   Die Ribs noch einmal einsprühen und jeweils doppelt in Butcherpapier einschlagen, damit keine Feuchtigkeit entweichen kann. Eine Grillschale mit Wasser füllen, indirekt neben der Grillkohle oder im Smoker unter dem Rost platzieren und weitere **2 Stunden** garen.

5   Die Kerntemperatur sollte am Ende **95 bis 97 °C** betragen. Am Schluss die Ribs etwa **1 Stunde** ruhen lassen, bis die Kerntemperatur des Fleisches **70 °C** beträgt.

TIPP:

Zum Ruhen verwende ich eine Kühlbox; da sie isoliert,
hält sie auch warm!

Variante von Seite 82

Short-Rib-Rolls Burger

ZUTATEN:

Für das Fleisch:
* s. Seite 82

Für die Gurken:
* 1 Salatgurke
* ½ Jalapeño
* 3 Scheiben Ingwer
* 20 g Zucker
* 5 g feines Meersalz
* 2 EL Weißweinessig
* ½ TL Pfeffer aus der Mühle

Für die Zwiebeln:
* 400 g rote Zwiebeln
* 80 g Zucker
* 80 ml Apfelessig

Außerdem:
* 8 Weizen-, Kartoffel- oder Briochebrötchen
* 2 EL weiche Butter
* Kimchi-Mayonnaise (s. Seite 299)
* 4 EL Röstzwiebeln

ZUBEREITUNG:

1 Die Gurke waschen, abtrocknen und in 3 mm dicke Scheiben schneiden. Mit den restlichen Zutaten vermengen und **1 bis 2 Stunden** im Kühlschrank ziehen lassen.

2 Für die Zwiebeln die Zwiebeln schälen, halbieren und in feine Streifen schneiden. 80 ml Wasser, Zucker und Apfelessig aufkochen. Etwas abkühlen lassen, über die Zwiebelstreifen gießen und **30 Minuten** ziehen lassen.

3 Die Brötchen halbieren, mit etwas Butter bestreichen und an den Schnittflächen auf dem Grill oder in einer Pfanne anrösten.

4 Die Knochen aus den noch warmen gegarten Ribs ziehen und das Fleisch in kleine Stücke schneiden. Brötchen mit Ribs, Gurken, Zwiebeln, Kimchi-Mayo und Röstzwiebeln belegen und genießen. (**Zubereitung des Fleisches, s. Seite 86**)

Hochrippe auf Asia-Art mit Fleur de Sel

ZUTATEN:

* 2,5–3 kg Hochrippe (ohne Knochen; siehe Tipp)
* 1 Rezept Classic BBQ-Rub (s. Seite 302)
* Öl zum Bestreichen
* 1 Rezept Hoisin-Ingwer-Glasur (s. Seite 300)
* Fleur de Sel

FLEISCHSCHNITT:
Hochrippe ohne Knochen, trocken gereift

ZUBEHÖR:
Grill mit Deckel

ZUBEREITUNG:

1 Die Hochrippe rundum gründlich mit dem Classic BBQ-Rub einreiben und zugedeckt mindestens **30 Minuten** bei Zimmertemperatur, am besten aber zugedeckt über Nacht im Kühlschrank marinieren.

2 Den Grill mit geschlossenem Deckel auf **etwa 200 °C** für direktes und indirektes Grillen vorheizen. Die Hochrippe mit Öl bestreichen und bei direkter Hitze mit geschlossenem Deckel rundum grillen, bis sich ein Muster abzeichnet.

3 Die Hitze etwas reduzieren. (Beim Holzkohlegrill die Lüftung schließen oder die Briketts bzw. Kohle herausnehmen.) Die Hochrippe bei indirekter Hitze (**etwa 160 °C**) mit geschlossenem Deckel **1 bis 1 Stunde 30 Minuten** grillen.

4 Das Fleisch zwischendurch wenden und nach und nach mit der Hoisin-Ingwer-Glasur einstreichen, bis diese aufgebraucht ist. Zum Schluss mindestens **20 Minuten** ohne Hitze ruhen lassen.

5 Die Hochrippe zum Servieren mit Fleur de Sel verfeinern. Die optimale Kerntemperatur für eine medium gegarte Hochrippe liegt zwischen **58 und 61 °C**.

TIPP:

Bei der Hochrippe empfehle ich, trocken gereiftes Fleisch („dry aged") zu verwenden. Eines der besten kommt aus den USA. Auch sehr gut ist das Fleisch von Simmentaler und Pommerschen Rindern.

Mariniertes Tomahawk Steak mit Malzbier-Mop

ZUTATEN:

* 2 Tomahawk Steaks (à ca. 800 g)
* 1 Rezept Classic BBQ-Rub (s. Seite 302)
* 1 Rezept Malzbier-Mop (s. Seite 305)

FLEISCHSCHNITT:

Tomahawk Steak

ZUBEHÖR:

Grill mit Deckel

ZUBEREITUNG:

1   Die Steaks mit dem Classic BBQ-Rub einreiben und zugedeckt mindestens **30 Minuten** bei Zimmertemperatur, am besten aber über Nacht im Kühlschrank marinieren.

2   Den Grill mit geschlossenem Deckel auf **etwa 250 °C** für direktes und indirektes Grillen vorheizen.

3   Die Tomahawk Steaks bei direkter Hitze mit geschlossenem Deckel auf beiden Seiten angrillen, bis sich ein Muster abzeichnet. Die Hitze auf **160 bis 180 °C** reduzieren und die Steaks bei indirekter Hitze **15 bis 20 Minuten** fertig grillen. Dabei gelegentlich wenden und nach und nach mit dem Malzbier-Mop bestreichen, bis dieser aufgebraucht ist. (Um beim Holzkohlegrill Hitze zu reduzieren, die Lüftung schließen, ggf. Kohle herausnehmen.)

4   Die Tomahawk Steaks weitere **10 bis 15 Minuten** ohne Hitze ruhen lassen. Die optimale Kerntemperatur für Tomahawk Steak beträgt **56 bis 58 °C**.

TIPP:

Durch das abschließende Ruhen ohne Hitze können sich die Fleischfasern entspannen und der Saft bleibt im Fleisch. Die Steaks werden wunderbar saftig und zart. Tomahawk Steak ist ein fein marmoriertes Rib-Eye mit extra langem Knochen. Man bekommt es auch unter dem Namen Entrecôte oder Hochrippe. Das trocken gereifte Fleisch ist fein marmoriert und ideal für die Zubereitung auf dem Grill.

WISSENSWERTES RUND UMS SCHWEIN

Nachdem Schweine lange Zeit nur nach hohem Fleischertrag und wenig Fett gezüchtet wurden, gibt es heute wieder mehr Vielfalt. Das Fleisch der verschiedenen Rassen unterscheidet sich in Marmorierung, Fettanteil und Eigengeschmack. Ob Haus-, Wild- oder Edelschwein, Fleischliebhaber*innen wissen es zu schätzen. Geschlachtet werden überwiegen 6 bis 8 Monate alte Jungtiere. Spanferkel wurden nur mit Muttermilch ernährt und sind nicht älter als 6 Wochen. Gutes Fleisch erkennt man an einer feinen Fettmarmorierung im Muskelfleisch. Im Gegensatz zu Rindfleisch muss es nicht zwangsläufig reifen, nur 48 Stunden abhängen, um verzehrfertig zu sein. Mittlerweile gibt es ähnlich wie beim Rind Aging-Verfahren, die das Fleisch noch aromatischer und schmackhafter machen. Das milde bis aromatische Fleisch lässt sich vielseitig süß oder herzhaft mit Gewürzen, Kräutern oder Trockenfrüchten zubereiten. Ob gegrillt oder im Smoker gegart – Schwein ist weltweit die beliebteste Fleischsorte. Achten Sie beim Einkauf auf artgerechte, regionale und ökologische Freilandhaltung!

Die wichtigsten Rassen

Hausschwein
Gedrungene hellrosa Tiere mit Schlappohren. Meist eine Kreuzung zwischen Edel- und Landrasse. Die am meisten verbreitete Rasse im Fleischhandel.

Schwäbisch-Hällisches Landschwein
Langbeinige hell-schwarz farbige Tiere mit schlankem Kopf. Zartes und saftiges Fleisch und feiner Speck aus artgerechter Freilandhaltung mit Eichelfütterung aus dem Raum Schwäbisch-Hall.

Bentheimer
Schwarz gescheckte robuste, stressresistente Tiere. Ursprünglich aus der Grafschaft Bentheim ist dies eine fast ausgestorbene und wiederentdeckte Rasse. Allerbeste Fleischqualität.

Duroc
Kräftige kompakte rot gefärbte Tiere mit viel Muskelfleisch und hohem Fettanteil. Im 19. Jahrhundert in den USA gekreuzt zwischen Jersey- und Ibericoschwein. Sehr zart und saftig!

Iberico
Schwarz gefärbte langbeinige (wegen der schwarzen Hufe auch Pata Negra genannte) halbwilde Tiere. Die freilaufend in Südspanien und Portugal beheimatete Rasse ernährt sich hauptsächlich von Eicheln aus Eichenwäldern, was ihrem Fleisch einen unverwechselbaren nussigen Geschmack verleiht. Das fein marmorierte zarte Fleisch gehört zum Besten, was im Handel angeboten wird.

Mangaliza
Auch Wollschweine genannt, sind dunkle, im vorderen Bereich urwüchsig an Wildschweine erinnernde Tiere. Sie sind die älteste noch reine Rasse in Europa. Ihr dichtes Fell ermöglicht es ihnen, ganzjährig im Freien zu leben. Sie sind äußerst stressresistent. Ihr dunkles Fleisch mit hohem Fettanteil und gleichmäßiger Marmorierung und besonders ihr Speck sind eine Delikatesse.

———

FRISCHEMERKMALE

- angenehmer Geruch nach frischem Fleisch

- hell- bis dunkelrosa Fleisch

- feste Konsistenz, die bei Fingerdruck
  leicht zurückfedert

- feuchte, leicht glänzende Oberfläche

- weißes Fett

- unverletzte Schwarte

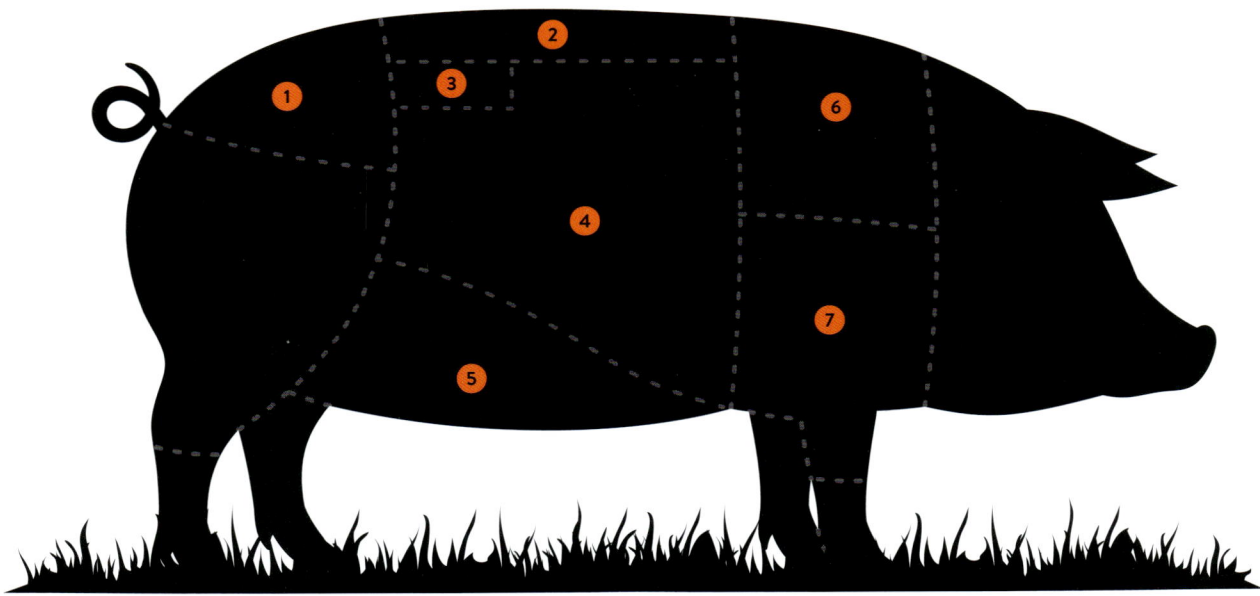

Fleischschnitte

❶ Hüfte

Hinter dem Rücken liegendes zartes, mageres Fleisch, das mit und ohne Schwarte zubereitet werden kann. Mit Schwarte wird es als Schweinebraten, ohne als Steaks verkauft.

❷ Rücken

Mageres Fleisch mit einer äußeren Schicht Rückenspeck. Aus ihm werden Stielkoteletts mit Knochen oder auch Steaks mit oder ohne Fettschicht geschnitten. Bis 2 cm dick zum direkten Grillen geeignet.

❸ Filet

Unterhalb des Kotelettstrangs gelegen. Der magerste und zarteste Teil des Schweins. Kann im Ganzen oder als Medaillons gegrillt werden.

❹ Rippchen

Rippchen oder Ribs sind durch ihren hohen Anteil an Bindegewebe nur zum indirekten Grillen oder Smoken über einen längeren Zeitraum von 3 bis 6 Stunden geeignet, denn nur so werden sie zart und mürbe.

❺ Bauch

Ein stark durchwachsener Teil mit hohem Fettgehalt, aus dem auch Räucherspeck (Bacon) gemacht wird. Er kann ausgelöst, mit Knochen sowie mit oder ohne Schwarte zubereitet werden. Er benötigt ebenso wie Rippchen eine lange indirekte Garzeit. Vor dem Grillen die Schwarte einschneiden und mit Salz einreiben, dann wird sie schön kross.

❻ Nacken

Der Nacken, auch Halsgrat genannt, liegt zwischen Kopf und Rücken. Es gibt ihn durchwachsen und als mageren Teil zum Rücken hin liegend. Seine fleischige Struktur ist äußerst beliebt und wird als Nackenkoteletts oder Steaks angeboten. Kann aber auch im ganzen als Braten zubereitet werden.

❼ Schulter

Wird hauptsächlich im Ganzen bei indirekter Hitze oder im Smoker mit etwas Fett, aber ohne Schwarte zubereitet z.B. für Pulled Pork (s. Seite 102). Ihr grobfaseriges, von Sehnen durchzogenes Fleisch benötigt zum Weichwerden eine sehr lange Garzeit.

Garmethoden

Grundsätzlich sollte Schweinefleisch immer durch-gegart werden. Die Kerntemperatur sollte zwischen 63 bis 70 °C betragen. Zarte, magere Fleischteile wie Filet und Rücken sind bei einer Kerntemperatur von 63 °C optimal gegart. Hochwertige Edelrassen können auch bei 65 °C leicht rosa gegessen werden.

Direktes Grillen

Diese Methode eignet sich nur für dünn geschnit-tene magere bis mittelfette Fleischteile von etwa 1 bis 2 cm Dicke. Die kurze Garzeit lässt sie zart und saftig werden.
Fleischschnitte: Bratwürste, Medaillons, magerer Nacken, Rücken und Hüftsteaks

Indirektes Grillen oder Smoken

Ein ganzes Schweinefilet oder fettreiche Koteletts aus Nacken oder Rückensteaks ab 3 cm Dicke mit viel äußerem und intramuskulärem Fett sollten nach dieser Methode zubereitet werden. Die mittlere bis lange Garzeit lässt das Fleisch zart und saftig wer-den. Bei Zubereitungen mit sehr langer Garzeit oder Smoken von Fleischteilen wie Schulter oder Ripp-chen wird das intramuskuläre Fett und Bindegewe-be weich und lässt sich dann wie beim Pulled Pork zerrupfen.
Fleischschnitte: ganzes Filet, Nacken, Rücken, Hüf-te, Schulter, Rippchen oder Bauch

TIPPS

► *Den äußeren Fettrand bei Koteletts immer einschneiden, damit sich das Fleisch beim Grillen nicht wölbt.*

► *Ölige Marinaden gut abtropfen lassen und gegebenenfalls etwas trocken tupfen, damit es zu keiner Flammenbildung kommt.*

► *Nach dem Grillen das Fleisch 3 bis 5 Minuten ruhen lassen, damit der Fleischsaft beim Anschneiden nicht ausläuft.*

► *Das Grillgut nicht zu oft bewegen, damit eine schöne Grillkruste entsteht.*

► *Sollte das Fleisch doch mal am Rost kleben bleiben, hilft Geduld: Sobald sich eine Kruste bildet, löst sich das Fleisch.*

ALLES ÜBER RIPPCHEN

Spareribs (Schälrippen)

Sie liegen im mittleren Bereich unterhalb der Baby Back Ribs. Ab hier vergrößern sich die Abstände zwischen den Rippenbögen, sodass sich dazwischen mehr Fleisch befindet. Eine ganze Rippe wiegt zwischen **1,5 bis 2 kg** und umfasst auch das Brustbein. Die meisten Metzger trennen es aber ab, weil es zu knorpelreich ist.

St. Louis Ribs (Fleischrippen)

Im selben Bereich wie die Spareribs liegen die sogenannten St. Louis Ribs. Für mich das beste Fleisch, um Ribs zuzubereiten. Nicht jeder Metzger hat sie vorrätig, kann sie aber zuschneiden, wenn Sie es ihm erklären. Es handelt sich um den Teil der Rippen, auf dem noch ein dreieckiger Fleischlappen liegt. Die Rippenknochen sind flach, während sie bei Baby Back Ribs gebogen sind.

Baby Back Ribs (Kotelettrippen)

Am oberen Teil des Rückens entlang der Wirbelsäule verläuft der Rippenansatz. Aus dem darunter liegenden 10 bis 12 cm liegendem Abschnitt werden die Baby Back Ribs geschnitten. Ein Rippenstrang wiegt zwischen **700 und 1000 g** und umfasst bis zu zwölf Rippenknochen.

Rib Tips (Endrippen)

Sie liegen im unteren Bereich und bilden das Ende des Rippenbogens im Bauchbereich. Sie enthalten zwar einen Teil Knochen und Knorpel, sind aber bei echten Griller*innen als Knabberspaß sehr beliebt und außerdem sehr günstig.

Country Ribs (Falsche Rippen)

Ein bei uns eher unbekannter Cut sind die aus den USA stammenden Country Ribs. Sie sind keine echten Rippen und werden aus der Schulter in der Nähe der Baby Back Ribs geschnitten. Die kotelettähnlichen Scheiben enthalten keine Rippenknochen, dafür aber etwas Knorpel. Sie werden im Gegensatz zu normalen Rippchen meistens schnell und heiß auf direkter Hitze gegrillt.

Wet- oder Dryribs?

Hierbei handelt es sich um die am weitesten verbreitete Methode. Rippchen werden mit einem Rub auf einer mit Wasser gefüllten Grillschale bei **100 bis 140 °C** indirekt gegrillt oder gesmokt. Nach **3 bis 4 Stunden** Garzeit werden sie alle **30 Minuten** feucht eingesprüht und in der letzten Stunde mehrmals mit einer Glasur bestrichen.
Bei Dryribs im Memphis Style handelt es sich um Rippchen, die nur mit einem Rub auf einer mit Wasser gefüllten Grillschale indirekt gegrillt oder gesmokt werden. Nach dem Ruhen werden sie noch mal frisch mit Rub bestreut und mit einer sehr säuerlichen Essig-BBQ-Sauce serviert.

—

TIPPS

► Beim Kauf darauf achten, dass mindestens 1 cm Fleisch auf den Rippenknochen liegt. Erkennt man auf der gewölbten Seite schon die Rippen, spricht man von Shiners, dem Durchscheinen. Fragen Sie nach mehr Fleisch auf den Rippen.

► Immer die Silberhaut bzw. Membran abziehen. Sie liegt in der gewölbten Innenseite der Rippchen. An einer Ecke mit einem Löffel eine Tasche zwischen Membran und Fleisch schieben. Dann kann man sie mit einem Zug abziehen.

► Rippchen können über Nacht mit einem Rub mariniert werden, aber auch erst kurz vor der Zubereitung. Wenn Sie später noch mit einer Glasur arbeiten, sollten Sie nicht zu viel Rub oder nur Salz und Pfeffer verwenden.

► Nach 3 bis 4 Stunden Garzeit (in der Phase nehmen sie das meiste Raucharoma auf) die Rippchen alle 30 Minuten mit einer 50:50-Essig-Fruchtsaftmischung einsprühen oder mit einem Mop (einer noch flüssigen Glasur) bestreichen. Das hält die Rippchen feucht und verhindert, dass sie zu dunkel werden.

► 1 Stunde vor Ende der Garzeit mit dem Glasieren beginnen, aber immer nur auf indirekter Hitze oder im Smoker bei niedriger Temperatur, damit der Zucker nicht verbrennt.

► Sie sind fertig, wenn sich der Rippchenstrang beim Anheben gut biegt und in der Mitte beginnt, etwas einzureißen, oder sich die Knochen leicht eindrehen lassen, ohne rauszufallen. Wenn das der Fall ist, sind sie nicht unbedingt schlecht, aber übergart. Das Fleisch sollte sich locker vom Knochen lösen, aber noch etwas Biss haben.

Sticky 3-2-1-Ribs mit Crispy Topping

ZUTATEN:

* 4 Fleischrippen (à 800–900 g)
* 2–3 EL Classic BBQ-Rub (s. Seite 302)
* 150 ml Apfelsaft
* 150 ml Apfelessig
* Asia-BBQ-Sauce (s. Seite 296)

Außerdem:

* 1 Bund Frühlingszwiebeln
* 4 EL geröstete gesalzene Cashewkerne
* 2 EL geröstete Sesamsamen
* 4 EL Röstzwiebeln

FLEISCHSCHNITT:

Fleischrippchen

ZUBEHÖR:

1–2 Hände Räucherchunks, Grillschale 25 x 20 cm, Sprühflasche, Pinsel, Butcherpapier

3-2-1 steht für 3 Stunden Räuchern, 2 Stunden Dämpfen, 1 Stunde Glasieren. Fleischrippchen, Berliner Rippchen oder St. Louis Cut Ribs besitzen einen höheren Fleischanteil als Baby Back Ribs, weil sie aus dem mittleren Teil des Rippenbogens geschnitten werden und einen Anteil Bauchfleisch besitzen.

ZUBEREITUNG:

1 Die Silberhaut der Rippchen mit einem kleinen Messer an einer Ecke einschneiden und dann mit den Händen abziehen. Rippchen gleichmäßig mit dem Rub bestreuen und abgedeckt **1 Stunde** ziehen lassen.

2 Den Grill mit geschlossenem Deckel für indirektes Grillen mit einem Kohlering (s. Seite 33) oder den Smoker auf **120 °C** vorheizen. Die Räucherchunks mindestens **1 Stunde** in Wasser einweichen.

3 Die Chunks abtropfen lassen und auf die Grillkohle oder angezündet in eine Räucherbox für den Gasgrill legen. Die Rippchen mit der Fleischseite nach oben bei indirekter Hitze mit geschlossenem Deckel oder im Smoker **3 Stunden** garen. Apfelsaft und Essig in eine Sprühflasche füllen und die Rippchen nach **2 Stunden alle 30 Minuten** einsprühen. Die optimale Kerntemperatur liegt zwischen **65 und 70 °C**.

4 Die Ribs einsprühen und jeweils doppelt in Butcherpapier einschlagen, damit keine Feuchtigkeit entweichen kann. Eine Grillschale mit Wasser füllen, neben der Grillkohle oder im Smoker unter dem Rost platzieren und die Ribs weitere **2 Stunden** garen.

5 Die Sauce in einem Topf mit etwas Wasser verdünnen, indirekt erwärmen und die Rippchen **1 Stunde lang alle 15 Minuten** damit glasieren. Die optimale Kerntemperatur liegt zwischen **85 und 90 °C**. Am Schluss noch **20 Minuten** ruhen lassen.

6 Die Frühlingszwiebeln waschen und trocken schütteln. Die Cashewkerne grob hacken. Beides mit Sesam und Röstzwiebel über den Rippchen verteilen und servieren.

TIPP:

Für die Zubereitung im Grill empfiehlt sich die Anschaffung eines Spare-Rib-Halters, da Sie damit eine größere Menge grillen können.

Kansas City BBQ Pulled Pork

ZUTATEN:

* 3 kg Schweineschulter (Boston Butt Cut)
* 100 g mittelscharfer Senf
* 150 g Pork-Rub (s. Seite 302)
* 600 ml BBQ-Pork-Mop (s. Seite 304)

FLEISCHSCHNITT:

Schweineschulter (Boston Butt Cut)

ZUBEHÖR:

1–2 Hände Räucherchunks, Grillschale 30 x 25 cm, Sprühflasche, Pinsel, Butcherpapier

ZUBEREITUNG:

1 Schwarte und Fett vom Fleisch entfernen, damit der Rub gut einziehen kann. Mit Senf einreiben, mit 120 g Rub gleichmäßig bestreuen und **1 Stunde** ziehen lassen.

2 Den Grill mit geschlossenem Deckel für indirektes Grillen mit einem Kohlering (s. Seite 33) oder den Smoker auf **120°C** vorheizen. Die Räucherchunks mindestens **1 Stunde** in Wasser einweichen. Die Chunks abtropfen lassen und auf die Grillkohle oder angezündet in eine Räucherbox für den Gasgrill legen.

3 Die Schweineschulter indirekt oder im Smoker mit geschlossenem Deckel **4 Stunden** garen. Den BBQ-Pork-Mop in einem Topf erwärmen und das Fleisch alle **30 Minuten** einpinseln. Weitere **3 Stunden** garen.

4 Das Fleisch noch einmal einpinseln und jeweils doppelt in Butcherpapier einschlagen, damit keine Feuchtigkeit entweichen kann. Eine Grillschale mit Wasser füllen, indirekt neben der Grillkohle oder im Smoker unter dem Rost platzieren und weitere **2 Stunden** garen. Die optimale Kerntemperatur für Pulled Pork liegt zwischen **93 und 95°C**. Am Schluss noch **1 Stunde** zum Beispiel in einer Kühlbox ruhen lassen.

5 Das gegarte Fleisch mit Gabeln, Pulled-Pork-Krallen oder Thermo-Latexhandschuhen nicht zu fein zerrupfen und mit etwas BBQ-Pork-Mop mischen.

Pulled Pork Burger

ZUTATEN:

* 8 Brioche-Burger-Buns
* 2 EL weiche Butter
* Bacon-Chipotle-Slaw (s. Seite 236)
* 1,2 kg gegartes Pulled Pork
* 200g Sandwichgurken (aus dem Glas)
* Classic oder Kansas City BBQ-Sauce (s. Seite 295/296)
* 50 g Schweinekrustenchips (Supermarkt)

ZUBEREITUNG:

1 Die Buns halbieren, mit etwas Butter einpinseln und an den Schnittflächen auf dem Grill oder in einer Pfanne goldbraun anrösten. Die Unterseiten mit Bacon-Chipotle-Slaw, gezupftem Fleisch, Gurkenscheiben, BBQ-Sauce und Schweineschwartenchips belegen. Die Deckel anlegen und servieren.

1. Die Schweineschulter rundherum mit Senf einreiben.

2. Gleichmäßig mit dem Rub bestreuen und 1 Stunde ziehen lassen.

3. Das Fleisch 4 Stunden smoken, alle 30 Minuten mit dem Mop einpinseln.

4. Das Pulled Pork doppelt in Butcherpapier wickeln und wieder zurück in den Smoker legen.

5. Das Fleisch mit zwei Gabeln oder Pulled-Pork-Krallen nicht zu fein zerrupfen.

5

Baconbomb mit Bourbon-Apple-Glasur

ZUTATEN:

Für die Baconbomb:
* 1 große weiße Zwiebel
* 2 EL Butter
* 100 g Toastbrot
* 150 g Cheddar
* 1–2 Jalapeños
* 400 g Schweinehackfleisch
* 400 g Rinderhackfleisch (vom Hals, einmal durchgelassen)
* 1 Ei
* 2 EL Texas-Chili-Rub (s. Seite 302)
* 1 TL getrockneter Oregano

Außerdem:
* 300 g Räucherspeck (in Scheiben, Bacon)
* 2 brühpolnische Würste
* Bourbon-Apfel-Glasur (s. Seite 300)

FLEISCHSCHNITT:
Hackfleisch von Schwein und Rind

ZUBEHÖR:
Grillschale 30 x 28 cm, Grillthermometer, Pinsel

ZUBEREITUNG:

1 Die Zwiebel halbieren, schälen und fein würfeln. Butter in einem Topf erhitzen, die Zwiebelwürfel **2 bis 3 Minuten** darin glasig dünsten und abkühlen lassen. Das Toastbrot in warmem Wasser einweichen und gut ausdrücken. Cheddarkäse in 0,5 cm große Würfel schneiden. Die Jalapeños halbieren, entkernen und fein hacken. Alles zusammen mit den restlichen Zutaten in einer Küchenmaschine mit den Knethaken **30 Sekunden** langsam kneten. Die Masse kalt stellen.

2 Ein großes Stück Frischhaltefolie auf der Arbeitsfläche ausbreiten. Darauf die Räucherspeckscheiben eng aneinander zu einem Gitter von 30 x 28 cm legen (siehe Bild 1). Mit etwas Chili-Rub gleichmäßig bestreuen. Auf die unteren zwei Drittel der Räucherspeckmatte das Hackfleisch gleichmäßig verteilen. Die Enden der Würste abschneiden, mittig in das Hackfleisch drücken und mit etwas Hackmasse abdecken. Die Masse nun von unten nach oben aufrollen. Die Rolle in Alufolie wickeln und wie ein Bonbon fest eindrehen, **1 Stunde** kalt stellen.

3 Den Grill mit geschlossenem Deckel für indirektes Grillen auf **140 bis 160°C** oder den Smoker auf **80°C** vorheizen. Die Räucherchips mindestens **1 Stunde** in Wasser einweichen. Die Baconbomb auswickeln und in die Grillschale setzen.

4 Die Räucherchips abtropfen lassen und auf die Grillkohle oder angezündet in eine Räucherbox für den Gasgrill legen. Bei indirekter Hitze mit geschlossenem Deckel **60 bis 90 Minuten** garen. Die Bourbon-Apfel-Glasur in einem Topf erwärmen und die Rolle alle **30 Minuten** einpinseln. Die Temperatur im Smoker nach **1 Stunde** auf **120°C** erhöhen und weitere **2 Stunden** smoken. Die optimale Kerntemperatur liegt zwischen **70 und 72°C**.

TIPP:
Bei der Füllung in der Mitte können Sie kreativ werden. Statt der Wurst kann man auch gegartes Pulled Pork oder in Würfel geschnittenes Beef Brisket verwenden.

1. Auf einem großen Stück Frischhalte-folie die Räucherspeckscheiben eng aneinander zu einem 30 x 28 cm großen Gitter legen.

2. Die Baconbomb 60 bis 90 Minuten lang alle 30 Minuten mit Bourbon-Apfel-Glasur einpinseln.

St. Louis Style Ribs

ZUTATEN:

* 3,2 kg St. Louis Cut Ribs vom Schwein
* 50 g feines Meersalz
* 50 g Pfeffer aus der Mühle
* 150 ml Apfelessig
* 150 ml Apfelsaft

Außerdem:

* 1 Rezept Kansas City BBQ-Sauce (s. Seite 296)
* 1 Rezept Texas-Chili-Rub (s. Seite 302)

FLEISCHSCHNITT:

Fleischrippchen vom Schwein

ZUBEHÖR:

1–2 Hände Räucherchunks, Grillschale 25 x 20 cm, Sprühflasche, Pinsel, Butcherpapier

Fleischrippchen, Berliner Rippchen oder St. Louis Cut Ribs haben einen höheren Fleischanteil als Baby-Back-Ribs, weil sie aus dem mittleren Teil des Rippenbogens geschnitten werden und einen Anteil Bauchfleisch besitzen.

ZUBEREITUNG:

1 Die Silberhaut der Rippchen mit einem kleinen Messer an einer Ecke einschneiden und dann mit den Händen abziehen. Salz und Pfeffer mischen, die Ribs gleichmäßig damit bestreuen und zugedeckt **1 Stunde** ziehen lassen.

2 Den Grill mit geschlossenem Deckel auf **120 bis 130 °C** für indirektes Grillen mit einem Kohlering (s. Seite 33) oder den Smoker vorheizen. Die Räucherchunks mindestens **1 Stunde** in Wasser einweichen.

3 Die Chunks abtropfen lassen und auf die Grillkohle oder angezündet in eine Räucherbox für den Gasgrill legen. Die Rippchen mit der Fleischseite nach oben indirekt oder im Smoker mit geschlossenem Deckel **3 Stunden** garen. Apfelsaft und Essig in eine Sprühflasche füllen und die Rippchen nach **2 Stunden** alle **30 Minuten** einsprühen. Die Kerntemperatur sollte zwischen **65 bis 70 °C** liegen.

4 Die Ribs einsprühen und jeweils doppelt in Butcherpapier einschlagen, damit keine Feuchtigkeit entweichen kann. Eine Grillschale mit Wasser füllen, indirekt neben der Grillkohle oder im Smoker unter dem Rost platzieren und die Ribs weitere **2 Stunden** garen lassen.

5 Die Sauce in einem Topf mit etwas Wasser verdünnt indirekt erwärmen und die Rippchen **1 Stunde lang alle 15 Minuten** glasieren. Die optimale Kerntemperatur liegt zwischen **85 und 90 °C**. Zum Schluss noch **30 Minuten** ruhen lassen.

6 Die Ribs vor dem Servieren mit etwas Texas-Chili-Rub bestreuen und mit der restlichen BBQ-Sauce servieren.

Dazu passt: Mac & Cheese (s. Seite 210), Ruby Red Slaw (s. Seite 236), Cajun Mais (s. Seite 246)

TIPP:

Um das Austrocknen der Ribs zu verhindern, können Sie auch von Anfang an eine mit Wasser gefüllte Grillschale indirekt in den Grill oder unter den Rost des Smokers stellen.

1. Die Silberhaut mit einem kleinen Messer an einer Ecke einschneiden und dann mit den Händen abziehen.

2. Die Ribs gleichmäßig mit Salz und Pfeffer einreiben.

3. Das Fleisch jeweils doppelt in Butcherpapier einschlagen.

4. Die Ribs 1 Stunde lang alle 15 Minuten mit der BBQ-Sauce glasieren.

Schweinebauch mit Honey-Lemon-Mop

ZUTATEN:

* 1 ½ kg Schweinebauch (mit Schwarte)
* 1 Rezept Sweet-Chili-Rub (s. Seite 303)
* 1 Rezept Honig-Limetten-Mop (s. Seite 304)

FLEISCHSCHNITT:
Schweinebauch mit Schwarte

ZUBEHÖR:
Grill mit Deckel, Aluschale

ZUBEREITUNG:

1 Die Schwarte des Schweinebauchs einschneiden (siehe Tipp). Den Schweinebauch rundherum mit dem Sweet-Chili-Rub einreiben und zugedeckt bei Zimmertemperatur mindestens **30 Minuten**, am besten aber über Nacht im Kühlschrank marinieren.

2 Den Grill mit geschlossenem Deckel auf **etwa 160 °C** für indirektes Grillen vorheizen.

3 Den Schweinebauch mit der Schwarte nach oben in eine Aluschale legen und bei indirekter Hitze mit geschlossenem Deckel **4 bis 4 Stunden 30 Minuten** grillen. Immer wieder rundum mit dem Honey-Lemon-Mop einpinseln.

4 Die Temperatur **15 bis 20 Minuten** vor Ende der Garzeit auf etwa **200 °C** erhöhen und den Schweinebauch bei indirekter Hitze mit geschlossenem Deckel knusprig grillen.

TIPP:

Durch das Einschneiden der Schwarte kann der Sweet-Chili-Rub wunderbar ins Fleisch einziehen. Vorsicht: Die Schwarte nicht zu tief einschneiden, das Fleisch darunter darf nicht verletzt werden, sonst läuft der Saft aus und das Fleisch wird trocken.

Char sui pork

ZUTATEN:

* 1,5 kg Schweineschulter ohne Schwarte

Für die Marinade:

* 120 ml Hoisin Sauce
* 60 g Ahornsirup
* 60 ml Reiswein oder Sake
* 1 EL Sesamöl
* 40 g Rohrzucker
* 1 walnussgroßes Stück Ingwer in Scheiben
* 3 EL helle Sojasauce
* 1 TL Fünf-Gewürze-Pulver
* 1 TL Pfeffer aus der Mühle
* 2 TL rote Lebensmittelfarbe

Außerdem:

* 16 kleine Gua-Bao-Buns (tiefgekühlt im Asien-laden; alternativ Hot-Dog-Buns)
* 1 Bund Frühlingszwiebeln
* ½ Romanasalat
* 2 Möhren
* Salz
* Zucker
* Reisessig
* 2 EL geröstete Sesamsamen
* 300 ml Asia-BBQ-Sauce (s. Seite 296)

FLEISCHSCHNITT:

Schweineschulter

ZUBEHÖR:

1–2 Hände Räucherchunks, Grillschale 25 x 20 cm, Sprühflasche, Pinsel

ZUBEREITUNG:

1 Das Fleisch der Länge nach in 6 x 6 cm lange Stücke schneiden. Alle Zutaten für die Marinade miteinander verrühren und das Fleisch rundherum damit einreiben. Abgedeckt **24 Stunden** im Kühlschrank ziehen lassen.

2 Den Grill mit geschlossenem Deckel auf etwa **140 °C** für indirektes Grillen oder den Smoker auf **120 °C** vorheizen. Die Räucherchunks mindestens **1 Stunde** in Wasser einweichen.

3 Die Räucherchunks abtropfen lassen und auf die Grillkohle oder angezündet in eine Räucherbox für den Gasgrill legen. Die Fleischstücke in eine Grillschale legen und bei indirekter Hitze mit geschlossenem Deckel etwa **1 Stunde 30 Minuten** oder im Smoker **2 Stunden 30 Minuten** garen. Die Marinade in einem Topf indirekt erwärmen. Das Fleisch während der Garzeit ab und zu einpinseln. Die optimale Kerntemperatur für Char sui pork liegt zwischen **88 und 90 °C**.

4 Die Buns nach Packungsanweisung zubereiten. Die Frühlingszwiebeln waschen, putzen und in feine Ringe schneiden. Den Salat waschen, trocken schleudern und in feine Streifen schneiden oder hobeln. Die Möhren waschen, schälen und in feine Streifen hobeln. Beides mit etwas Salz, Zucker und Reisessig marinieren. Das Fleisch in Scheiben schneiden und mit dem Gemüse in die Buns füllen. Mit etwas Asia-BBQ-Sauce, Sesam und den Frühlingszwiebelringen bestreut servieren.

TIPP:

Falls Ihnen die Garzeit zu lang ist, können Sie auch Schweinefilet oder Rücken verwenden. Der Vorgang ist derselbe. Die Kerntemperatur sollte am Ende zwischen 56 und 58 °C liegen.

1. Das Fleisch der Länge nach in 6 x 6 cm lange Stücke schneiden und in der Marinade abgedeckt im Kühlschrank 24 Stunden ziehen lassen.

2. Das gegrillte Fleisch quer zur Faser in dünne Scheiben schneiden.

Mariniertes Nackensteak mit Tomatensalat

ZUTATEN:

* 4 Schweinenackensteaks (à 220–250 g)
* Pfeffer aus der Mühle
* 160 g mittelscharfer Senf
* 4 große Gemüsezwiebeln
* 500 ml helles Bier
* 2 EL Butter
* 1 TL Honig
* 3 Zweige Majoran
* Salz

Für den Salat:

* 800 g Tomaten
* 200 g Salzgurken
* 2 rote Zwiebeln
* 120 ml Salzgurkenwasser
* 1 EL Weißweinessig
* 3 EL Maiskeimöl
* Salz
* Pfeffer aus der Mühle

Außerdem:

* Maiskeimöl zum Einpinseln
* 4 Scheiben frisches Sauerteigbrot

FLEISCHSCHNITT:

Schweinenacken

ZUBEHÖR:

Grillschale 20 x 20 cm, Grillthermometer, Sprühflasche

ZUBEREITUNG:

1   Die Fleischscheiben leicht flach klopfen und mit Pfeffer würzen. Auf beiden Seiten kräftig mit Senf einstreichen. Die Zwiebeln schälen und in 0,5 cm dicke Ringe schneiden. Zwiebeln und Fleisch abwechselnd in eine Auflaufform schichten und mit Bier aufgießen, bis das Fleisch vollständig bedeckt ist. Abgedeckt **12 bis 24 Stunden** kalt stellen. Das restliche Bier in eine Sprühflasche füllen.

2   Für den Salat die Tomaten waschen und in mundgerechte Stücke schneiden, dabei die Stielansätze entfernen. Die Salzgurken fein würfeln. Die Zwiebeln schälen, halbieren und in feine Ringe schneiden. Alles in eine Schüssel füllen und mit den restlichen Zutaten marinieren. Mit wenig Salz und Pfeffer würzen.

3   Den Grill mit geschlossenem Deckel auf etwa **230 bis 250 °C** für direktes Grillen vorheizen. Steaks und Zwiebelringe aus der Marinade nehmen und abtropfen lassen. Das Fleisch mit etwas Öl einpinseln und mit Salz würzen. Zwiebelringe, Butter, Honig und Majoran in die Grillschale füllen und mit Salz würzen.

4   Die Steaks bei direkter Hitze mit geschlossenem Deckel von beiden Seiten jeweils **5 bis 6 Minuten** grillen, die Grillschale mit den Zwiebelringen danebenstellen. Das Fleisch ein- bis zweimal mit der Sprühflasche einsprühen. Die Zwiebeln ab und zu wenden, bis sie schön karamellisiert sind. Nach Belieben das Brot rösten. Die Steaks mit Zwiebeln, Tomatensalat und Brot servieren.

TIPP:

Dazu passt Kräuterbutter. 250 g weiche Butter mit dem Handrührgerät schaumig schlagen. 1–2 Bund fein gehackte Kräuter nach Wahl unterheben. Mit etwas Dijon-Senf, Selleriesalz und Pfeffer würzen. In ein Gefäß füllen und kühl stellen.

WARENKUNDE BRATWURST

Der Klassiker für jeden Grillabend. Die größte Vielfalt an Grillwürsten gibt es wohl in Deutschland. Angeführt von der Thüringer und Nürnberger Rostbratwurst, die zu den bekanntesten gehören, gibt es bis zu 50 verschiedene regionale Grillwurstsorten, die sich über das ganze Land verteilen. Coburger, Schlesische, Hessische oder Norddeutsche gehören zu den bekannteren.

Wer die Bratwurst erfunden hat, da will ich mich nicht festlegen. Die Franken und Thüringer sind sich heute noch nicht einig. In Thüringen wird die Bratwurst schon ab 1404 erwähnt. Aber angeblich haben die Kelten sie erfunden und die Römer nach Franken gebracht. Aber eigentlich ist das auch egal, wichtig ist, dass es sie heute noch gibt.

Worin unterscheiden sich die verschiedenen Sorten? Am augenfälligsten wohl in der Größe. In Nürnberg werden sie mit einer Länge von 8 bis 9 cm zum Sauerkraut gereicht. Die Coburger ist bis zu 32 cm lang und bei Volksfesten werden Thüringer Bratwürste mit einer Länge von bis zu einem halben Meter angeboten.

Bei der Herstellung unterscheidet man in grob oder fein, roh oder gebrüht und geräuchert oder ungeräuchert. Für die Zubereitung wird Fleisch im Fleischwolf bzw. Cutter zusammen mit Gewürzen, Kräutern und bei feinen Bratwürsten Eis zerkleinert und anschließend in Schweine-, Lamm- oder Kunstdärme gefüllt. Roh, gebrüht oder geräuchert kommen sie dann in den Handel.

Sorten

Rohwürste
Sie sind grob und fein erhältlich. Dabei werden rohes Fleisch, Speck, Gewürze, Salz mit oder ohne Pökelsalz mithilfe eines Fleischwolfes und Kutters zerkleinert und zu einer Masse vermischt. Rohwürste sollten wie Hackfleisch noch am selben Tag gegessen werden.

Brühwürste
Sie werden aus einer sehr viel feineren Fleischmasse mit Schweine-, Kalb- oder Rindfleisch hergestellt. Die Zutaten sind dieselben wie bei Rohwürsten, es kommt noch Eis hinzu und Metzger verwenden häufig Pökelsalz. Das Ergebnis sind Bratwürste, Wiener Würste, Bockwürste, Jagdwürste, Lyoner, Fleischwurst und in Bayern die Weißwurst. Brühwürste haben oft einen geringeren Fettgehalt (20 bis 35 Prozent) als Rohwürste (35 bis 70 Prozent).

Weltweit

Merguez
Nordafrikanische mittelgrobe, rohe Wurst aus Lamm und Rind. Kräftig gewürzt mit Kreuzkümmel, Paprika, Knoblauch, Harissa und Pfeffer.

Salsiccia
Italienische grobe, rohe Wurst, meist aus Schweinefleisch. Je nach Region kräftig gewürzt mit Fenchelsamen, Peperoncino, Knoblauch, Pfeffer oder Muskatnuss.

Chorizo
Spanische mittelgrobe, rohe Wurst aus Schweinefleisch. Gewürzt mit viel Paprika, daher die rote Farbe, und Knoblauch.

Cumberland
Englische grobe Wurst aus Schweinefleisch. Sie stammt aus der gleichnamigen Grafschaft und existiert schon seit dem 16. Jahrhundert. Seit 2011 ist sie auch EU-weit geschützt. Typisch ist ihre schneckenförmige Form und ihr kräftiger Geschmack.

Andouille
Aus dem 14. Jahrhundert stammende französische sehr grobe Wurst aus Schweinefleisch.

Regional

Thüringer Rostbratwurst

Feine oder grobe, rohe oder gebrühte 15 bis 20 cm lange Wurst aus Schweine- und Rindfleisch. Besteht zu 50 Prozent aus magerer Schweineschulter und wird mit Kümmel, Majoran, Knoblauch und Pfeffer gewürzt.

Nürnberger Rostbratwurst

Mittelgrobe, gebrühte, nicht gepökelte 7 bis 8 cm kurze Wurst. Gewürzt mit Majoran, Salz und Pfeffer. Werschdla oder Broadwerschla genannte 20 g schwere Leichtgewichte unter den Fränkischen Bratwürsten. Seit 2003 erste EU-weit geschützte Wurstspezialität. 1573 von einem Nürnberger Metzger als kleinste Bratwurst der Welt erfunden.

Brühpolnische

Feine gepökelte Wurst aus Rindfleisch, Schweinefleisch und Speck. Gewürzt mit Pfeffer, Kümmel oder Senfsamen sowie weiteren Gewürzen wird sie kurz geräuchert und gebrüht. Ihr Ursprung liegt in Schlesien und unter dem Namen Bockwurst wurde sie Ende des 19. Jahrhunderts in Berlin bekannt.

Currywurst

Feine, gebrühte, nicht gepökelte Wurst aus Schweinefleisch und Speck, die mit einer Curry-Ketchup-Sauce serviert wird. Die Berlinerin Hertha Heuwer erfand die Sauce zur Wurst und ließ sie 1959 patentieren. Man kann sie mit oder ohne Darm bestellen.

115

Bratwurstschule

Zubehör

Fleischwolf mit Wurststopfaufsatz
Küchenmaschine mit Knethaken
Edelstahlschüsseln in verschiedenen Größen
Waage
Wurstdärme Kaliber 28/30 (beim Metzger
vorbestellen)
Küchenfaden

Fleisch

400 g durchwachsener Schweinebauch mit Fett,
aber ohne Schwarte
600 g Schweineschulter mit Fett, aber ohne
Schwarte

Grundgewürz für 1 kg Bratwurst

20 g feines Meersalz
2 g Pfeffer aus der Mühle
0,5 g gemahlener Piment
2 g getrockneter Majoran
0,5 g gemahlene Muskatnuss
0,3 g gemahlener Koriander

Zubereitung

Das Fleisch in eine für den Einfüller des Fleischwolfs
passende Größe schneiden. **1 Stunde** im Tiefkühlfach kühlen. Das hilft beim Wolfen und stellt sicher,
dass die Masse nicht zu warm wird. ❶ Die Wurstdärme in kaltem Wasser wässern.

❷ Das Fleisch wolfen. Je nachdem wie grob oder
fein die Bratwurst werden soll, kann man zwischen
verschiedenen Lochscheiben wählen. Ich persönlich
bevorzuge feinere Bratwürste und verwende deshalb die feine Lochscheibe mit 3 mm Durchmesser.
Wenn Ihre Bratwurst gröber sein soll, nehmen Sie
eine gröberer Lochscheibe mit 5 mm. Das Fleisch
zweimal durch den Wolf lassen, dabei vermischt es
sich optimal.

❸ Im Anschluss Fleisch und Gewürze in einer
Küchenmaschine mit den Knethaken **1 bis 2 Minu-
ten** durchkneten oder kräftig mit der Hand vermi-
schen. So ist sichergestellt, dass das Brät eine gute
Bindung erhält und die Wurst später nicht bröselig
ist. Achten Sie darauf, dass die Masse nicht zu warm
wird **(8 bis 12 °C)**, sonst verliert sie ihre Bindung.
Als nächstes den gut gewässerten Darm auf den
Wurstfüllstutzen aufziehen. Mit einem richtigen
Wurstfüller geht es einfacher. Aber für die ersten
Versuche funktioniert auch der Aufsatz für den
Fleischwolf.

❹ Geben Sie nun das Fleisch ohne Schneidemesser
in den Fleischwolf und lassen Sie die Masse langsam
durchlaufen, bis sie beginnt, den Darm zu füllen.
Wichtig ist dabei, dass möglichst wenig Luft einge-
schlossen wird. Füllen Sie das Fleisch nun in den
Darm. Halten Sie ihn straff auf dem Füllstutzen und
lassen Sie ihn langsam immer weiter volllaufen. Dieser Teil braucht etwas Übung. Wichtig: Den Darm
nicht zu prall füllen, sonst platzt er beim Braten.

❺ Nun wird abgedreht. Wie groß Ihre Bratwurst
sein soll, können Sie selbst entscheiden. Wichtig ist
es, dass Sie entgegengesetzt drehen, ähnlich wie
bei einem Bonbon. Wenn Sie auf Nummer sicher
gehen wollen, binden Sie die Würste einzeln mit Küchenfaden ab, schneiden sie auseinander und schon
sind sie fertig zum Grillen, Brühen oder Einfrieren.

TIPPS

▶ *Rohe Bratwürste sollten noch am selben Tag verzehrt und vor dem Grillen immer mit einer Rouladennadel oder einem Zahnstocher mehrmals eingestochen werden, damit sich nicht platzen.*

▶ *Würste bei 75 bis 80 °C 25 Minuten mit einem passenden Gewicht beschwert brühen, damit sie unter Wasser bleiben. Nach dem Abkühlen in einem Eiswasserbad sind sie im Kühlschrank 1 Woche haltbar oder können eingefroren werden.*

▶ *Kreieren Sie Ihre eigene Gewürzmischung.*

▶ *Variieren Sie die Füllung mit Käsewürfeln, Kräutern oder Chili-Knoblauch.*

▶ *Variieren Sie die Fleischsorten.*

▶ *Erklären Sie Ihrem Metzger bei der Bestellung, was Sie mit dem Fleisch vorhaben.*

▶ *Achten Sie darauf, dass der Fettgehalt immer zwischen 25 bis 30 Prozent liegt. Beispiel: 75 Prozent magere Schweineschulter (5 Prozent Fett) + 25 Prozent Schweinerückenfett (100 Prozent Fett) oder 60 Prozent durchwachsene Schweineschulter (10 Prozent Fett) + 40 Prozent Schweinerückenfett (50 Prozent Fett)*

Homemade BBQ-Würste

ZUTATEN:

* 25 g Pökelsalz (Online oder beim Metzger)
* 35 g feines Meersalz
* 2 g Cayennepfeffer
* 1,5 g geräuchertes Paprikapulver
* 5 g Pfeffer aus der Mühle
* 2 g granuliertes Zwiebelpulver
* 2 g granuliertes Knoblauchpulver
* 2 g milde Chiliflocken
* 2 kg Schweinebauch ohne Schwarte
* 1 kg Hochrippe oder Nacken vom Rind

Außerdem:

* 10–12 m Schweinedarm, Größe 28/30 (beim Metzger vorbestellen)
* 3 g gehackte Petersilie
* 300 ml Eiswasser
* Maiskeimöl zum Einpinseln

FLEISCHSCHNITT:

Schweinebauch, Hochrippe oder Nacken vom Rind

ZUBEHÖR:

Grillthermometer, Küchenmaschine, Fleischwolf mit Wurstaufsatz, Pinsel

Alle Zutaten zum Verarbeiten der Wurst sollten immer gut gekühlt sein. Am besten zwischen 1 und 4 °C. Zum Smoken der Würste eignet sich Mesquiteholz oder Pellets. Einfach mal die Holzsorte wechseln und schauen, was Ihnen persönlich besser gefällt. Auswahl gibt es genug wie z.B. Apfel, Kirsche, Hickory, Buche, usw.

ZUBEREITUNG:

1 Die Wurstdärme zwei- bis dreimal mit frischem Wasser wässern. Für die Grundmasse Pökelsalz und Meersalz mit den restlichen Gewürzen gut mischen. Das Fleisch in 3 cm große Würfel schneiden und mit der Gewürzmischung mischen. **30 Minuten** ziehen lassen. Das Fleisch **1 Stunde** im Tiefkühlfach anfrieren lassen.

2 2 kg der Masse durch die mittelgrobe Scheibe (8 mm) des Fleischwolfs drehen. Das restliche Fleisch durch die feine Scheibe (3 mm) drehen. Beides mit der Petersilie und dem Eiswasser in der Küchenmaschine **1 Minuten** langsam rühren.

3 Den Wurstfüller auf den Fleischwolf setzen und den Darm auffädeln. Die Wurstmasse mit wenig Druck gleichmäßig möglichst ohne Lufteinschlüsse in den Darm füllen, im Abstand von 14 bis 15 cm mit beiden Händen wie ein Bonbon eindrehen. Die fertigen Würste über einen Besenstiel hängen und an einem kühlen Platz über Nacht trocknen lassen.

4 Den Smoker auf **60 °C** vorheizen. Die Würste nebeneinander auf den Rost legen, mit Öl einpinseln und **30 Minuten** smoken. Die Temperatur auf **90 °C** erhöhen und weitere **2 Stunden 30 Minuten** smoken. Die optimale Kerntemperatur liegt bei etwa **72 °C**.

TIPP:

Zum Grillen der Würste reichlich Salzwasser auf 85 °C erhitzen und die Würste darin 20 bis 22 Minuten garen. Mit einer Schüssel beschweren, damit sie unter Wasser bleiben. Dann in kaltem Eiswasser abschrecken. Jetzt können Sie die Würste 3 bis 4 Tage abgedeckt im Kühlschrank lagern oder direkt auf dem heißen Grill grillen.

Varianten:

Für jeweils 1,5 kg Grundrezept, beim Rühren in der Küchenmaschine dazugeben:

Knoblauch-Chipotle: 4 fein geriebene Knoblauchzehen, 40 g pürierte Chipotle in Adobo (Online).
Jalapeño-Cheddar: 40 g entkernte und fein gehackte Jalapeños, 200 g Cheddarkäse in 3 mm großen Würfeln.
Chimichurri: je 1 Bund fein gehackte Petersilie und Koriander, 3 fein geriebene Knoblauchzehen, 1 EL getrockneter Oregano, 1 bis 2 TL milde Chiliflocken.

Selbst gemachte Currywurst mit Pommes

ZUTATEN:

Für die Würste:
* 600 g eiskaltes Kalbfleisch
  (am besten trocken gereift)
* 200 g eiskalter Räucherspeck (Bacon)
* 100 g eiskalter Lardo (italienischer fetter Speck)
* 1 Eiweiß
* Salz
* 1 EL Currypulver
* 1 TL gemahlener Koriander
* 1 TL frisch gemahlener Pfeffer
* 2 m Naturdarm vom Schwein
  (ca. 26/28; vom Metzger)

Für die Pommes Frites:
* 6 große festkochende Kartoffeln
  (gerne auch verschiedenfarbige)
* 4 Knoblauchzehen
* 50 ml Öl
* 1 Bund Petersilie
* Salz

Außerdem:
* 1 Rezept Classic Currysauce (s. Seite 294)
* Currypulver zum Bestreuen

FLEISCHSCHNITT:
trocken gereiftes Kalbfleisch

ZUBEHÖR:
*Fleischwolf, Grill mit Deckel, Aluschale oder
Grill-Kochgeschirr*

ZUBEREITUNG:

1 Für die Würste das Fleisch, den Frühstücksspeck und den Lardo in Würfel schneiden und durch den Fleischwolf mit feiner Scheibe drehen. Mit dem Eiweiß, 2 TL Salz und den Gewürzen im Blitzhacker kurz und schnell, nach Geschmack grob oder fein, mixen.

2 Die Mischung mithilfe des Aufsatzes vom Fleischwolf in den Darm füllen und zu 8 Würsten von 20 cm Länge eindrehen.

3 Für die Pommes die Kartoffeln schälen, waschen und trocken tupfen. In Stifte schneiden und in eine Schüssel geben. Den Knoblauch schälen, in grobe Würfel schneiden und zu den Kartoffelstiften geben. Das Öl gut untermischen. Die Petersilie waschen und trocken schütteln, die Blätter abzupfen und grob schneiden.

4 Den Grill mit geschlossenem Deckel auf **etwa 200 °C** für direktes und indirektes Grillen vorheizen.

5 Die Kartoffelstifte in eine Aluschale oder ein Grill-Kochgeschirr geben und bei indirekter Hitze mit geschlossenem Deckel **15 bis 20 Minuten** grillen.

6 Die Würstchen auf den Grillrost legen und **2 bis 3 Minuten** bei direkter Hitze mit geschlossenem Deckel grillen, wenden und **2 bis 3 Minuten** fertig grillen.

7 Die Würstchen mit Classic Currysauce bestreichen und etwas Currypulver darüberstreuen. Dann die geschnittene Petersilie über die Pommes Frites streuen.

Käsekrainer 2.0
mit Zwiebelmarmelade

ZUTATEN:

* 4 brühpolnischen Bratwürste (à 180–200 g)
* 200 g Räucherspeck (in Scheiben, Bacon)
* 6 Scheiben Emmentaler

Für die Zwiebeln

* 600 g rote Zwiebeln
* 1 EL Maiskeimöl
* 100 ml roter Portwein
* 200 ml trockner Rotwein
* 200 ml Kirschsaft
* 4 Zweige Majoran
* Salz
* Pfeffer aus der Mühle

Außerdem:

* 2 EL süßer Senf
* 1 EL mittelscharfer Senf
* 1 EL geriebener Meerrettich
* Röstzwiebeln

FLEISCHSCHNITT:

Brühpolnische oder Krakauer

ZUBEHÖR:

Zahnstocher

ZUBEREITUNG:

1 Die Zwiebeln schälen, halbieren und in feine Streifen schneiden. Öl in einem Topf erhitzen und die Zwiebelstreifen **1 bis 2 Minuten** andünsten. Mit Portwein, Rotwein und Kirschsaft ablöschen und vollständig einkochen, bis eine marmeladenähnliche Konsistenz entsteht. Die Majoranblättchen abzupfen, fein hacken und unterrühren. Mit Salz und Pfeffer würzen. Beide Senfsorten mit dem Meerrettich verrühren.

2 Den Grill mit geschlossenem Deckel auf etwa **200 bis 220 °C** für direktes Grillen vorheizen. Die Würste mit einem Zahnstocher mehrfach einstechen. Den Räucherspeck leicht überlappend nebeneinander auf die Größe der Wurst legen. Darauf 1 ½ Scheiben Käse legen. Dabei darauf achten, dass an der oberen Kante 3 bis 4 cm Räucherspeck überstehen. Jetzt die Würste von unten nach oben aufrollen.

3 Die Würste als Erstes auf der Schnittkante des Räucherspecks angrillen, damit er sich beim Grillen nicht wieder öffnet. Bei direkter Hitze mit geschlossenem Deckel **6 bis 8 Minuten** grillen. Dabei ab und zu wenden. Die fertigen Würste mit Senf, Zwiebelmarmelade und Röstzwiebeln bestreut servieren.

TIPP:
Dazu schmecken gegrillte Sauerteigbrotscheiben.

ALL ABOUT BURGER

Auf den Fettgehalt kommt es an

Damit die Pattys auf dem Grill saftig bleiben, ist ein Anteil von **20 bis 30 Prozent** Fett ideal. 15 Prozent sind noch vertretbar – weniger sollte es nicht sein, da die Burger sonst trocken werden.

Der Blend

Das ist die Mischung, aus dem das Rinderhackfleisch besteht.
- **Magere Stücke:**
  Hüfte, Tafelspitz, Oberschale, Bürgermeisterstück
- **Fettreiche aromatische Stücke:**
  Nacken, Schulter, Brust
- **Premium-Stücke für den besonderen Genuss:**
  Rib-Eye, Denver Cut Steak oder hohes Roastbeef

Immer frisch gewolft

In den meisten Fällen ist fertiges Rinderhackfleisch zu fein durchgelassen und sein Fettgehalt ist zu niedrig. Deshalb das gewünschte Fleisch vom Metzger oder zu Hause ein- bis zweimal durch eine grobe Scheibe von **4 bis 5 mm** wolfen. Das Hackfleisch vorsichtig vermischen und im Tiefkühlfach **30 Min.** kalt stellen. Danach mit feinem Meersalz und frisch gemahlenem Pfeffer würzen und zügig durchkneten, bis etwas Bindung entsteht. Den Fleischteig in einer Burgerpresse zu gleichmäßigen **150 bis 220 g** schweren Pattys formen. Im Kühlschrank maximal **1 Stunde** bis zur Verwendung kalt stellen.

Den perfekten Burger grillen

Damit die Pattys auf dem Grill ihre Form behalten, jeweils vor dem Grillen mit dem Daumen eine **2 cm breite und 1 cm tiefe** ❶ Mulde hineindrücken.
Ich grille die Pattys bevorzugt auf einer Grillplatte. Das hat den Vorteil, dass sie im eigenen Fett braten, das sonst durch die Gitterstäbe in die Glut tropfen und sich entzünden könnte.

Alternativ kann man auch bei indirekter Hitze über einer Wasserschale grillen.
Die Pattys auf der gut vorgeheizten Grillplatte jeweils **2 bis 3 Minuten** auf jeder Seite knusprig braten ❸. Dabei das Fleisch auf gar keinen Fall bewegen, da sich sonst keine Kruste bildet. Danach maximal ein- bis zweimal wenden.
Parallel Räucherspeck (Bacon), Zwiebeln oder andere Zutaten auf den Grill geben ❷ ❹.
Burgerbuns sollten unbedingt mit etwas weicher Butter auf den Schnittflächen eingepinselt und angeröstet werden ❺. Das verhindert später beim Essen, dass sie durchweichen und zerfallen.
Die Pattys mit Käse belegen, kräftig mit Wasser besprühen und sofort eine Burgerglocke oder einen großen Wok oder eine tiefe Pfanne mit Grill umgekehrt darauflegen. Dabei schmilzt der Käse schnell unter dem Wasserdampf. Im Idealfall beträgt die Kerntemperatur der Pattys nun zwischen **56 und 60 °C**. Die Burger belegen und genießen ❻.

Garstufen:

Temperatur	Garstufe
43 bis 45 °C	rare/blutig
53 bis 55 °C	medium rare/englisch
56 bis 60 °C	medium/rosa
62 bis 66 °C	medium well/halbrosa
68 bis 70 °C	well done/durch

Don'ts:

- ► Pattys beim Grillen **niemals andrücken**, da sonst der Fleischsaft ausläuft.
- ► **Nicht zu viele Toppings** verwenden, der Patty ist der Star.
- ► **Keine tiefgefrorene Pattys** auf den Grill legen.
- ► **Nie zu rohe Burger** in die Mikrowelle geben.
- ► **Kein großporiges Brot** verwenden, damit die Sauce nicht durchläuft.

Burger Buns

10 Stk. · **4 Std.** · **12 Min.**

ZUTATEN:

Zutaten:

- 700 g Mehl (Type 550)
- 2 TL Trockenhefe
- 4 EL Zucker
- 2 TL Salz
- 50 g weiche Butter
- 4 Eigelb (M)
- 140 ml warmes Wasser
- 160 ml warme Milch

Außerdem:

- etwas Milch zum Einpinseln
- 2 EL geschälten Sesam

ZUBEREITUNG:

1 Die trockenen Zutaten mischen, dann mit den flüssigen **8 bis 10 Minuten** in einer Küchenmaschine langsam kneten. Den Teig abgedeckt mindestens **2 Stunden**, besser noch über Nacht ruhen lassen.

2 Den Teig in 10 Portionen teilen und zu Kugeln formen. Mit genügend Abstand auf ein tiefes, mit Backpapier ausgelegtes Backblech legen und mit Milch einpinseln. Mit einem zweiten Blech abdecken und **2 Stunden** an einem warmen Ort gehen lassen.

3 Den Backofen auf **220 °C** vorheizen. Die Buns mit Sesam bestreuen und auf der unteren Schiene **10 bis 12 Minuten** backen.

King of Burger

ZUTATEN:

Für die Pattys:
* 800 g grob gewolftes Rinderhackfleisch (20–25 Prozent Fett)
* 1 EL Worcestershiresauce
* Maiskeimöl zum Einpinseln
* feines Meersalz
* Pfeffer aus der Mühle

Für die Sauce:
* 120 g stückige Erdnussbutter
* 1–2 TL helle Sojasauce

Außerdem:
* 4 Blätter grüner Salat
* 1 rote Zwiebel
* 4 Scheiben Cheddar oder Emmentaler
* 8 Scheiben Räucherspeck (Bacon)
* 2 Bananen
* 4 TL Rohrzucker
* 4 Brioche-Burger-Buns
* 2 EL weiche Butter

FLEISCHSCHNITT:
Rinderhals oder Schulter

ZUBEHÖR:
Grillplatte, Burgerpresse, Grillwender

ZUBEREITUNG:

1 Den Grill mit geschlossenem Deckel auf etwa **220 bis 240° C** für direktes und indirektes Grillen vorheizen. Dabei die Grillplatte bei direkter Hitze mit vorheizen.

2 In einem kleinen Topf die Erdnussbutter mit der Sojasauce erwärmen. Das Rinderhackfleisch mit der Worcestershiresauce gut verkneten. Die Burgerpresse leicht einölen und vier gleich schwere Pattys formen. In die Mitte jedes Pattys mit dem Daumen eine Mulde drücken, aber kein Loch machen! Dadurch garen sie gleichmäßiger. Mit etwas Salz und Pfeffer würzen.

3 Die Salatblätter waschen und trocken schütteln. Die Zwiebel schälen und in feine Ringe schneiden. Die Speckscheiben auf der Grillplatte bei direkter Hitze von jeder Seite **1 bis 2 Minuten** knusprig braten und beiseitestellen.

4 Die Pattys auf der Grillplatte bei direkter Hitze mit geschlossenem Deckel von jeder Seite **2 bis 3 Minuten** grillen und dann für **3 bis 4 Minuten** an den Rand schieben, mit Käse belegen und bei indirekter Hitze fertig garen.

5 Die Bananen schälen, einmal längs und in der Mitte halbieren, mit Rohrzucker betreuen und auf der Schnittfläche auf der Grillplatte bei direkter Hitze **1 bis 2 Minuten** karamellisieren lassen. Die Burger Buns halbieren und jeweils mit etwas Butter bestreichen, auf der Schnittflächen etwa **1 Minuten** goldbraun anrösten.

6 Die Unterseite der Buns mit etwas Erdnusssauce bestreichen und mit Salat belegen. Je zwei Bananenviertel, ein Patty, zwei Scheiben Räucherspeck, Zwiebelringe und Erdnusssauce darauf verteilen. Mit dem Deckel aufgelegt servieren.

TIPP:

Wer keine rohen Zwiebeln mag, kocht 100 ml Wasser mit je 50 g Zucker und 50 ml Essig auf und lässt es abkühlen. 2 rote Zwiebeln schälen, in feine Ringe schneiden und mit der Flüssigkeit übergießen. Im Kühlschrank über Nacht ziehen lassen.

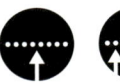

Crispy Bacon Blue Cheese Burger

ZUTATEN:

Für die Pattys:
* 800 g grob gewolftes Rinderhackfleisch (20–25 Prozent Fett)
* 1 EL Classic BBQ-Rub (s. Seite 302)
* 8 Scheiben Räucherspeck (Bacon)
* Maiskeimöl zum Einpinseln
* 120 g Blauschimmelkäse
* Pfeffer aus der Mühle

Außerdem:
* 4 Blätter Radicchio
* 1 Fleischtomate
* 4 Brioche-Burger-Buns
* 2 EL weiche Butter
* 4 EL Röstzwiebel-Mayonnaise
* 4 EL Classic BBQ-Sauce (s. Seite 295)
* 50 g Kartoffelsticks (im Chipsregal)

FLEISCHSCHNITT:
Rinderhals oder Schulter

ZUBEHÖR:
Grillplatte, Burgerpresse, Grillwender

ZUBEREITUNG:

1 Den Grill mit geschlossenem Deckel für direktes und indirektes Grillen auf **220 bis 240 °C** vorheizen. Die Grillplatte auf direkter Hitze mit vorheizen.

2 Das Hackfleisch mit BBQ-Rub gut verkneten und in vier Portionen teilen. Die Speckscheiben in 3 cm große Stücke schneiden und die Burgerpresse leicht einölen. Jeweils ein paar Speckstücke in die Burgerpresse legen und mittig je 30 g Käse daraufgeben. Das portionierte Fleisch darauf verteilen und flach drücken. In die Mitte jedes Pattys mit dem Daumen eine Mulde drücken, aber kein Loch machen! Dadurch garen sie gleichmäßiger. Pfeffern.

3 Die Pattys auf der Grillplatte bei direkter Hitze mit geschlossenem Deckel **3 Minuten** auf der Speckseite und **1 Minuten** auf der Fleischseite grillen. Dann **3 bis 4 Minuten** an den Rand legen und bei indirekter Hitze fertig garen.

4 Den Radicchio waschen und trocken schütteln. Die Tomate waschen, abtrocknen und in Scheiben schneiden. Die Buns halbieren und mit Butter bestreichen. Bei direkter Hitze auf den Schnittflächen etwa **1 Minute** goldbraun anrösten. Die Unterseite der Buns mit einem Klecks Röstzwiebel-Mayonnaise, Radicchio und Tomatenscheibe belegen. Darauf jeweils ein Patty, BBQ-Sauce und Kartoffelsticks geben. Mit angelegtem Deckel servieren.

TIPP:

Wer noch einen draufsetzen will, serviert auf dem Burger noch je einen Cheesy-Bacon-Onion-Ring (s. Seite 244).

WISSENSWERTES RUND UMS GEFLÜGEL

Geflügelfleisch steckt voll hochwertigem Eiweiß und enthält wenig Fett. Es ist leicht verdaulich und sein Cholesteringehalt ist im Vergleich zu anderen Fleischsorten niedrig.

Die wichtigsten Arten für den Grill

Fleischhuhn
Man unterscheidet Stubenküken (etwa 1 Monat alt, bis 500 g), Hähnchen (männlich und weiblich, 5 bis 6 Wochen alt, 800 bis 1200 g), Poularden oder Masthähnchen (12 bis 15 Wochen alt, 1,2 bis 2,5 kg)

Maishähnchen
Die Hähnchen werden meist mit bis zu 50 Prozent Mais im Futteranteil gefüttert, was dem Fleisch seine gelbliche Färbung verleiht. Durch eine längere Aufzucht und Freilauf besitzen sie ein festeres und geschmackvolleres Fleisch.

Perlhuhn
Aus Afrika stammender Wildvogel, der um 1950 in Frankreich domestiziert wurde. Mageres Geflügel mit aromatischem Fleisch, aber nicht ganz billig wegen der Aufzucht und Freilandhaltung. Meist im Ganzen zubereitet, damit es am Knochen gart und saftig bleibt. Bei der Zubereitung der Brust ist etwas Erfahrung nötig.

Wildgeflügel
Taube, Fasan, Rebhuhn und Wachtel können auf dem Grill zubereitet werden. Ihr würziges und mageres Fleisch sollte beim Garen möglichst geschützt werden, z.B. mit Speckscheiben.

Ente
Abgesehen vom höheren Gewicht ist Entenfleisch dunkler, fester und intensiver im Geschmack als das von Hühnern. Haus- oder Bauernenten sind fettreicher als Flugenten. Der Anteil an Bindegewebe ist bei ihnen höher, weshalb sie eine längere Garzeit benötigen. Zubereitet werden sie im Ganzen, als Brust oder Keule.

Gans
Manche Tiere können bis zu 7 kg auf die Waage bringen. Auch ihr Fleisch ist dunkel, fest und aromatisch. Sie haben einen deutlich höheren Fettanteil als Enten und benötigen ebenfalls eine lange Garzeit. Die Zubereitung von Brust und Keulen geht deutlich schneller.

Pute bzw. Truthahn
Die größte aller Geflügelrasse bringt um die 15 bis 20 kg auf die Waage. In der Regel kommen sie zerteilt in Brust und Keule in den Handel. Die Keulen mit ihrem dunklen und aromatischen Fleisch kann man smoken oder indirekt grillen, bis sie gar sind. Das helle Brustfleisch lässt sich im Ganzen smoken oder in Steaks geschnitten mariniert kurz auf direkter Hitze grillen.

——

Der Einkauf

Zwischen preisgünstiger Massentierhaltung und artgerechter Freilandhaltung liegen Welten, nicht nur geschmacklich, sondern auch preislich. Die meisten Supermarkthühner garen zwar schnell und sind relativ zart, besitzen aber so gut wie keinen Eigengeschmack. Ich bevorzuge artgerechte Freilandhaltung, manchmal auch in Bio-Qualität. Dort haben die Tiere genug Auslauf und Bewegung, was zu festerem und intensiverem Fleisch führt. Meist sind es ältere Zuchtrassen mit weniger fülliger Brust und regelmäßiger Form, dafür aber mit umso mehr Geschmack. Aufgrund von Salmonellen, die heutzutage aber immer seltener vorkommen, sollte Geflügelfleisch stets gekühlt transportiert in den Kühlschrank gelangen.

Abwaschen ist nicht nötig, da sich die Bakterien sonst nur in der ganzen Küche verteilen würden. Das Fleisch am besten einfach durchgaren!

Zuschnitte vom Hähnchen

Ganze Tiere

Ausgenommen und gefüllt werden sie indirekt, stehend auf einer Weißblechdose oder an einem Drehspieß gegrillt und am Tisch zerteilt.

❶ Brust

Die zarte Brust mit ihrem kleinen Innenfilet ist sehr mager und sollte deshalb behutsam gegrillt werden. Zusätzlichen Schutz bekommt sie, wenn man sie in Räucherspeck (Bacon) wickelt oder auf einer Holzplanke gart. Der Fleischgeschmack ist eher neutral und kann durch Marinaden und Gewürze verstärkt werden. Ob gewürfelt, als Spieß oder im Ganzen gegrillt – Hähnchenbrust ist immer sehr beliebt.

❷ Keule

Ob am Stück oder aufgeteilt in Drumsticks und Oberkeule (Chicken Thighs) benötigen Keulen aufgrund ihres Bindegewebes, ihrer Muskeln und des Mehranteils an Fett eine längere Garzeit. Dafür sind die Teile aromatischer und saftiger als die Brust. Weiterer Geschmacksgarant ist die knusprige Haut.

❸ Flügel

Eines der beliebtesten Grillgerichte sind Chicken-Wings. Trotz ihres geringen Fleischanteils sind sie knusprig gegrillt und in Sauce mariniert ein Genuss.

Garmethoden

Sie reichen von direkter über indirekte Hitze bis hin zum Smoken. Entnehmen Sie die jeweilige Zubereitungsart den Rezepten im Buch.

Wann ist Geflügel fertig?

Geflügel sollte immer durchgegart werden, mit Ausnahme von Wildgeflügel. Die Kerntemperatur sollte zwischen **72 und 80 °C** liegen. Prüfen Sie die Temperatur am besten mit einem digitalen Grillthermometer an der dicksten Stelle, bei ganzen Tieren an der Keule (aber nicht auf dem Knochen, da er heißer ist als das Fleisch). Ganze Tiere sollten nach dem Grillen noch **10 bis 15 Minuten** ruhen, dabei steigt die Temperatur nochmal um **2 bis 3 °C**.

FRISCHEMERKMALE

- straff anliegende Haut

- unverletzte Haut

- trockene und samtige Haut

- riecht neutral (Finger weg, wenn Ihre Nase „riecht komisch" sagt!)

Gefüllte Hähnchenbrust mit Räuchermozzarella

ZUTATEN:

Für die Hähnchenbrust:

* 4 Maishähnchenbrüste (à 180–220 g, ohne Innenfilet, mit Haut)
* 120 g Scarmorza (geräucherter Mozzarella)
* 8 Basilikumblätter
* 4 Scheiben luftgetrockneter Schinken
* 2 EL Maiskeimöl
* Salz
* Pfeffer aus der Mühle

Außerdem:

* Chicken-Salt (s. Seite 291)
* Ananas-Salsa (s. Seite 294)

FLEISCHSCHNITT:

Maishähnchenbrust

ZUBEHÖR:

Küchengarn, Grillthermometer

ZUBEREITUNG:

1 Den Grill mit geschlossenem Deckel auf etwa **180 bis 200 °C** für direktes und indirektes Grillen vorheizen. Die Hähnchenbrüste flach nebeneinanderlegen. Vorsichtig die Haut abziehen und beiseitelegen. In jede Brust der Länge nach einen 1 cm tiefen Schnitt machen, aber nicht durchschneiden. In jedem Schlitz mit dem Messer schräg kleine Schnitte machen, sodass eine Art Tasche entsteht.

2 Scamorza in 4 Stücke teilen. Jedes Stück mit 2 Basilikumblättern in eine Schinkenscheibe wickeln und in den Schlitz stecken. Die Füllung mit der Hühnerhaut abdecken und an zwei bis drei Stellen mit Küchengarn zusammenbinden. Mit etwas Öl einstreichen und mit wenig Salz und Pfeffer würzen.

3 Die Geflügelpäckchen bei direkter Hitze mit geschlossenem Deckel von beiden Seiten jeweils **4 bis 5 Minuten** grillen. Den Grill öffnen und die Temperatur auf **150 °C** reduzieren. Bei indirekter Hitze mit geschlossenem Deckel **5 bis 6 Minuten** zu Ende garen. Die optimale Kerntemperatur liegt zwischen **70 bis 75 °C**.

4 Die Päckchen anschneiden und zusammen mit Chickensalt und Ananas-Salsa servieren.

TIPP:

Dazu passen kleine gegrillte junge Kartoffeln und Zucchini.

1. Jede Hähnchenbrust der Länge nach 1 cm tief ein-, aber nicht ganz durchschneiden. In jeden Schlitz mit dem Messer schräg kleine Schnitte machen, sodass eine Art Tasche ensteht.

2. Die Füllung mit der Hähnchenhaut abdecken und an zwei bis drei Stellen mit Küchengarn zubinden.

Butterfly Chicken mit Thaicurrysalz

ZUTATEN:

* 2 Freiland- oder Maishähnchen (à 1,2 kg)

Für die Würzlake:
* 250 g Salz
* 250 g Rohrzucker
* 4 zerdrückte Knoblauchzehen
* 1 TL schwarze Pfefferkörner
* 2 Lorbeerblätter

Außerdem:
* Thaicurrysalz (s. Seite 291)
* 1 Bund Koriander
* 2 Limetten
* Asia-BBQ-Sauce (s. Seite 296)

FLEISCHSCHNITT:
Freilandhähnchen

ZUBEHÖR:
2 Gefrierbeutel à 3–4 l, 2 Hände Räucherchips, Gusseisenpfanne, Grillthermometer

ZUBEREITUNG:

1 Für die Würzlake alle Zutaten mit 500 ml Wasser aufkochen. 1,5 l kaltes Wasser dazugeben und vollständig abkühlen lassen. Die Hähnchen mit der Brust nach unten auf ein Schneidebrett legen. Mit einem Messer oder einer Geflügelschere vom Hals aus auf beiden Seiten des Rückgrats entlangschneiden und das Rückgrat entfernen. Dann Hähnchen aufklappen, flach drücken und an den Keulen drei- bis viermal bis zum Knochen einschneiden. Beide Hähnchen mit jeweils der Hälfte der Würzlake in die Gefrierbeutel geben, gut verschließen und **12 bis 16 Stunden** im Kühlschrank durchziehen lassen.

2 Den Grill mit geschlossenem Deckel auf etwa **160 bis 180 °C** für direktes Grillen oder den Smoker auf **120 °C** vorheizen. Die Räucherchips mindestens **1 Stunde** in Wasser einweichen. Die Hähnchen aus den Gefrierbeuteln nehmen, flach ausbreiten und mit Küchenpapier trocken tupfen. Mit etwas Thaicurrysalz einreiben.

3 Die Räucherchips abtropfen lassen und auf die Grillkohle oder angezündet in eine Räucherbox für den Gasgrill legen. Die Hähnchen mit der Haut nach oben auf den Grill legen. Mit einer Gusseisenpfanne beschweren und bei direkter Hitze mit geschlossenem Deckel **40 bis 50 Minuten** oder im Smoker **2 Stunden** garen. Nach der Hälfte der Zeit wenden, wieder beschweren und zu Ende garen. Die optimale Kerntemperatur an den Schenkeln liegt zwischen **75 bis 80 °C**.

4 Den Koriander waschen, trocken schütten und mit den Stielen grob hacken. Die Limetten halbieren und mit den Hähnchen und der BBQ-Sauce servieren.

TIPP:

Dazu passt ein Gurkensalat. Gurken schälen und in dünne Scheiben hobeln. Mit Reisessig, Sweet-Chicken-Chilisauce und Öl anmachen und mit gehackten gesalzenen und gerösteten Erdnüssen bestreut servieren.

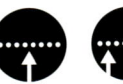

Entenbrust Pastrami Style

ZUTATEN:

* 4 Entenbrüste (à 220–250 g)

Für die Marinade:
* 1 weiße Zwiebel
* 2 Knoblauchzehen
* 1 EL Korianderkörner
* 1 TL gelbe Senfkörner
* 1 Lorbeerblatt
* 3 Wacholderbeeren
* 80 ml Ahornsirup
* 220 ml Wasser
* 1 TL Rohrzucker
* 1 TL Salz

Außerdem:
* Maiskeimöl zum Einpinseln
* 2 Feigen
* 4 EL mittelscharfer Senf
* 2 EL Ahornsirup
* Pfeffer aus der Mühle
* 4 große Scheiben Weizenmischbrot
* ½ Rezept Ruby-Red-Slaw (s. Seite 235)
* 2 EL Röstzwiebeln

FLEISCHSCHNITT:
Entenbrust

ZUBEHÖR:
Grillthermometer, 1 Handvoll Räucherchips

ZUBEREITUNG:

1 Für die Marinade Zwiebel und Knoblauch schälen und grob hacken. Alle Zutaten mit 220 ml Wasser in einer Küchenmaschine **3 bis 5 Sekunden** nicht zu fein mixen. Die Haut der Entenbrüste mit einem Messer entfernen und die Brüste in der Marinade abgedeckt **2 bis 3 Stunden** ziehen lassen. Die Räucherchips mindestens **1 Stunde** in Wasser einweichen.

2 Den Grill mit geschlossenem Deckel auf etwa **220 bis 240 °C** für direktes und indirektes Grillen vorheizen. Die Räucherchips abtropfen lassen und auf die Grillkohle oder angezündet in eine Räucherbox für den Gasgrill legen.

3 Die Entenbrüste trocken tupfen, mit etwas Öl einpinseln bei direkter Hitze mit geschlossenem Deckel von beiden Seiten jeweils **2 Minuten** scharf angrillen. Den Grill öffnen und die Temperatur auf **160 °C** reduzieren und die Entenbrüste bei indirekter Hitze mit geschlossenem Deckel weitere **12 bis 14 Minuten** garen. Die optimale Kerntemperatur an der dicksten Stelle liegt zwischen **54 und 56 °C**. Vor dem Aufschneiden abgedeckt **5 Minuten** ruhen lassen.

4 Die Feigen in 1 cm dicke Spalten schneiden. Senf mit Ahornsirup verrühren und mit Pfeffer würzen. Die Brotscheiben auf dem Grill goldbraun anrösten. Die Entenbrüste dünn aufschneiden.

5 Ruby-Red-Slaw auf den Brotscheiben verteilen und mit Feigen und Entenbrust belegen. Mit etwas Senf beträufeln und mit Röstzwiebeln bestreut servieren.

TIPP:
Auf dieselbe Art können Sie auch Reh- oder Wildschweinrücken zubereiten.

Gefüllte Gans mit Früchtebrot und Maronen

ZUTATEN:

Für die Gans:
* 1 Gans (4,5–5 kg; küchenfertig)
* Salz
* Pfeffer aus der Mühle
* 1 EL Butter
* 400 g Wurzelgemüse (in Würfeln)
* 200 ml Rotwein
* 1 l Geflügelfond
* 6–8 Zweige Beifuß
* 1 EL Zuckerrübensirup
* je 2 EL Honig und Sojasauce

Für das Früchtebrot:
* 100 ml Milch
* 20 g frische Hefe
* 110 g flüssige Butter
* 1 Ei, 1 Eigelb
* Salz
* 320 g Mehl
* 40 g Zucker
* 250 g Trockenfrüchte (z.B. Cranberrys, Aprikosen, Pflaumen, Datteln)

Für die Maronen:
* 1 rote Zwiebel
* 1 EL Butter
* 400 g vorgegarte Maronen
* 3 EL angerührte Speisestärke
* 50 g Sahne
* Salz
* Pfeffer aus der Mühle

FLEISCHSCHNITT:
Gans (4,5–5 kg, küchenfertig)

ZUBEHÖR:
Grill mit Deckel, ca. 8 gewässerte Zahnstocher, Küchengarn, Aluschale oder Bräter, Geflügelschere

ZUBEREITUNG:

1 Den Grill mit geschlossenem Deckel auf **etwa 180 °C** für direktes und indirektes Grillen vorheizen.

2 Von der Gans die äußeren Flügelknochen abschneiden. Die Gans innen und außen unter fließendem Wasser waschen, trocken tupfen und mit Salz würzen.

3 Für das Früchtebrot die Milch erwärmen und die Hefe darin auflösen. Butter, Ei, Eigelb und Salz mischen. Hefemilch, Butter-Ei-Mischung, Mehl und Zucker gut verkneten. Trockenfrüchte würfeln und unterkneten. Den Teig in den Bauch der Gans geben, beide Seiten entlang der Öffnung mit Zahnstochern fixieren und mit Küchengarn binden.

4 Butter und Wurzelgemüse in einer großen Aluschale oder einem Bräter bei direkter Hitze mit geschlossenem Deckel angrillen. Wein und Fond angießen, den Beifuß dazugeben und den Fond aufkochen. Die Gans mit dem Rücken nach unten hineinlegen und bei indirekter Hitze mit geschlossenem Deckel **4 bis 4 Stunden 30 Minuten** grillen.

5 Zuckerrübensirup, Honig und Sojasauce zu einer Glasur verrühren. Die Gans aus dem Sud nehmen, damit bestreichen und mit geschlossenem Deckel **20 Minuten** fertig grillen. Den Sud durch ein Sieb gießen, 300 ml abmessen. Das Gemüse entsorgen.

6 Für die Maronen die Zwiebel schälen und würfeln, in einer Aluschale in der Butter angrillen. Die Maronen dazugeben. Den Sud dazugießen, bei direkter Hitze aufkochen und mit der Speisestärke binden. Die Sahne unterrühren und die Maronen mit Salz und Pfeffer würzen.

7 Die Gans tranchieren, die Karkasse mithilfe einer Geflügelschere aufschneiden. Das Früchtebrot herausnehmen und in Scheiben schneiden. Die Maronen dazureichen.

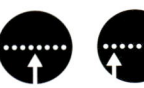

Chicken Drumsticks mit Zitrone und Ahornsirup

ZUTATEN:

* 12–16 Hähnchenunterschenkel

Für die Glasur:
* 3 Zweige Rosmarin
* 80 ml Zitronensaft
* 80 ml Ahornsirup oder Honig
* 2–3 EL Bourbon Whiskey
* 3 EL grober Senf
* 2 EL Maiskeimöl
* Salz
* Pfeffer aus der Mühle

Für die Sauce:
* 250 g Mayonnaise
* 75 ml Apfelessig
* 1 EL geriebener Meerrettich
* Saft von ½ Zitrone
* 1 TL granuliertes Knoblauchpulver
* ¼ TL Cayennepfeffer
* ¼ TL Pfeffer aus der Mühle
* Salz
* Zucker

FLEISCHSCHNITT:

Hähnchenunterschenkel

ZUBEHÖR:

1 Hand Räucherchips, Grillschale 30 x 25 cm, Grillthermometer, Pinsel

---

Alabama White Sauce passt sehr gut zu Geflügel. Die weiße BBQ-Sauce stammt aus der Region rund um Alabama und wurde vor mehr als 80 Jahren dort erfunden. Über die Region hianus hat sie sich zu einer bekannten Spezialität entwickelt.

ZUBEREITUNG:

1 Den Grill mit geschlossenem Deckel auf **180 bis 200 °C** für direktes und indirektes Grillen vorheizen. Die Räucherchips mindestens **1 Stunde** in Wasser einweichen.

2 Die Hähnchenkeulen einmal an der Fußfessel rundherum einschneiden und den Knorpelteil entfernen. Für die Glasur Rosmarin waschen, trocken schütteln und die Nadeln abstreifen. Die Nadeln fein hacken und mit den restlichen Zutaten in einem kleinen Topf aufkochen lassen. Mit Salz und Pfeffer würzen. Für die Sauce alle Zutaten gut verrühren und mit Salz und Zucker würzen.

3 Die Räucherchips abtropfen lassen und auf die Grillkohle oder angezündet in eine Räucherbox für den Gasgrill legen. Die Hähnchenkeulen bei direkter Hitze mit geschlossenem Deckel **8 bis 10 Minuten** knusprig grillen, dabei mehrmals wenden. In die Grillschale legen.

4 Den Grill öffnen und die Temperatur auf **160 °C** reduzieren. Bei indirekter Hitze mit geschlossenem Deckel **25 bis 30** Minuten zu Ende garen. Dabei mehrmals mit der Glasur einstreichen. Die optimale Kerntemperatur für Hähnchenunterschenkel liegt zwischen **75 bis 80 °C**. Mit Sauce und Röstzwiebeln servieren.

TIPP:

Dazu passt gegrilltes Wurzelgemüse (s. Seite 238) oder gegrillter Spargel (s. Seite 211). Wenn Kinder mitessen, einfach den Whiskey weglassen.

Peking Style Chickenwings

ZUTATEN:

* 1,4 kg Hähnchenflügel

Für die Würzlake:
* 4 Knoblauchzehen
* 250 g Salz
* 250 g Rohrzucker
* 1 TL Szechuan-Pfeffer
* 1 walnussgroßes Stück Ingwer in Scheiben

Für die Hoisin-Sauce:
* 1 Knoblauchzehe
* 1 EL Maiskeimöl
* 100 ml Geflügelbrühe
* 180 g fermentierte schwarze Bohnensauce
* 2 EL Pflaumenmus
* 60 g Rohrzucker
* 2 EL Reisessig
* 2 EL helle Sojasauce
* 1 EL Sesamöl

Außerdem:
* 1 Bund Frühlingszwiebeln
* 100 g geröstete gesalzene Cashewkerne
* 2 EL geröstete Sesamsamen

FLEISCHSCHNITT:
Hähnchenflügel

ZUBEHÖR:
Gefrierbeutel (à 3–4 l), Grillzange

ZUBEREITUNG:

1 Für die Würzlake den Knoblauch schälen und leicht andrücken. Mit den übrigen Zutaten und 500 ml Wasser aufkochen. 1,5 l kaltes Wasser dazugeben und vollständig abkühlen lassen. Die Hähnchenflügel am Gelenk andrücken, bis es knackt. Mit einem Messer jeden Flügel einmal der Länge nach einschneiden, damit sich die Haut beim Grillen nicht zusammenzieht. Mit der Marinade in einen Gefrierbeutel geben und **5 bis 6 Stunden** im Kühlschrank durchziehen lassen.

2 Den Grill mit geschlossenem Deckel auf etwa **200 bis 220 °C** für direktes und indirektes Grillen vorheizen.

3 Für die Sauce den Knoblauch schälen, fein reiben und in etwas Öl andünsten. Die restlichen Zutaten dazugeben und aufkochen lassen. In einem hohen Rührbecher mit einem Stabmixer fein pürieren. Die Frühlingszwiebeln waschen, trocken schütteln und in feine Ringe schneiden. Die Cashewkerne grob hacken.

4 Die Hähnchenflügel trocken tupfen und bei direkter Hitze mit geschlossenem Deckel etwa **10 Minuten** grillen. Dabei die Flügel mehrmals wenden. Wenn die Haut schön knusprig ist, den Grill öffnen und die Temperatur auf **180 °C** reduzieren. Die Flügel bei indirekter Hitze mit geschlossenem Deckel **15 bis 20 Minuten** fertig garen.

5 Die knusprigen Wings in eine Schüssel geben und mit der Hoisin-Sauce gut vermischen. Mit Frühlingzwiebelringen, Cashewkernen und Sesam bestreut servieren.

TIPP:
Wenn es mal schneller gehen soll, können Sie die Hoisin-Sauce auch fertig kaufen.

Beer Can Chicken mit Schmorgemüse

ZUTATEN:

Für das Can Chicken:

* 2 Brathähnchen (à ca. 1,2–1,4 kg)
* 1 Zitrone
* 4 Stiele Petersilie
* 2 EL Maiskeimöl
* Salz
* Pfeffer aus der Mühle
* edelsüßes Paprikapulver
* 2 Dosen Bier

Für das Gemüse:

* 2–3 Möhren
* 2–3 Petersilienwurzeln
* 400 g Sellerie
* 4 Schalotten
* 2 Knoblauchzehen
* Salz
* Zucker
* 6 Zweige Thymian
* 2 EL Butter

FLEISCHSCHNITT:

Freilandhähnchen

ZUBEHÖR:

*2 x Weißblechdosen siehe Tipp, Grillschale
30 x 25 cm, Grillthermometer*

ZUBEREITUNG:

1 Den Grill mit geschlossenem Deckel auf etwa **160 bis 180 °C** für indirektes Grillen vorheizen. Die Hähnchen unter kaltem Wasser abspülen und trocken tupfen. Die Zitrone waschen, abtrocknen und halbieren. Jedes Hähnchen mit ½ Zitrone und 2 Petersilienstielen füllen. Erst mit Öl, dann mit Salz, Pfeffer und Paprika einreiben. Die Dosen zu zwei Dritteln mit Bier füllen und die Hähnchen daraufsetzen.

2 Das Gemüse waschen, schälen und in mundgerechte Stücke schneiden. Knoblauch andrücken. Alles mit Salz und Zucker würzen. Thymian waschen und trocken schütteln und mit der Butter dazugeben.

3 Die Grillschale auf den Rost stellen und die Hähnchen mittig daraufsetzen. Bei indirekter Hitze mit geschlossenem Deckel **1 Stunde** garen. Nach **30 Minuten** das Gemüse in der Grillschale verteilen. Die Temperatur 10 bis 15 Minuten vor Ende der Garzeit auf **220 °C** erhöhen und das Hähnchen zu Ende grillen. Die optimale Kerntemperatur an den Schenkeln liegt zwischen **75 bis 80 °C**.

TIPP:

Als Halterung für das Hähnchen können Sie Weißblechdosen ohne Farbaufdruck verwenden: z. B. Sauerkrautdosen leeren, auswaschen und die Banderole entfernen. Wenn Sie dieses Gericht häufiger zubereiten, empfiehlt sich die Anschaffung eines Beer-Can-Halters.

Planked BBQ Chicken Thighs

ZUTATEN:

* 10 Hähnchenoberschenkel (à 150 g, ohne Knochen und ohne Haut)
* 5 frische Jalapeños
* 150 g Doppelrahm-Frischkäse
* 20 Scheiben Räucherspeck (Bacon)
* 2 EL Maiskeimöl
* 2 EL Classic BBQ-Rub (s. Seite 302)

Außerdem:

* 250 ml Classic BBQ-Sauce (s. Seite 295)
* 2 EL Ahornsirup

FLEISCHSCHNITT:

Hähnchenoberschenkel

ZUBEHÖR:

2 Zedernholzplanken, Grillthermometer, Pinsel

ZUBEREITUNG:

1 Die Zedernholzplanken **1 Stunde** wässern. Dazu die Bretter in ein tiefes Backblech legen und mit einer mit Wasser gefüllten Schüssel beschweren. Den Grill mit geschlossenem Deckel auf etwa **200 bis 230 °C** für direktes und indirektes Grillen oder den Smoker auf **135 °C** vorheizen.

2 In einem kleinen Topf BBQ-Sauce, Ahornsirup und 50 ml Wasser erwärmen. Die Hähnchenteile flach nebeneinander ausbreiten. Die Jalapeños längs halbieren, entkernen und mit Frischkäse füllen. Je eine halbe Schote auf jedes Hähnchenteil geben und mit je zwei Scheiben Räucherspeck umwickeln.

3 Die gewässerte Planke bei direkter Hitze auf den Rost geben und bei geschlossenem Deckel **8 bis 10 Minuten** ankokeln lassen, bis sie leicht raucht. Die Hähnchenteile mit etwas Öl einreiben und rundherum mit dem Rub bestreuen. Die angekokelte Planke wenden. Die Hähnchenteile im Abstand von 1 cm darauflegen und bei direkter Hitze mit geschlossenem Deckel **10 Minuten bei 160 °C** oder im Smoker **1 Stunde 30 Minuten bei 120 °C** garen.

4 Nach **10 Minuten** das Brett auf die indirekte Hitze schieben und die Chicken Thighs **30 bis 40 Minuten** zu Ende garen. Die Teile in den letzten **10 bis 15 Minuten** mehrmals mit Glasur bestreichen. Beim Smoken die Temperatur in den letzten **15 Minuten auf 160 °C** erhöhen. Die optimale Kerntemperatur an der dicksten Stelle liegt zwischen **75 bis 80 °C**.

TIPP:

Dazu passen cremiger Cajun Mais (s. Seite 246) oder gegrillte Maiskolben mit Butter.

Woodfire Chicken mit Frühlingszwiebeln & Kürbis

ZUTATEN:

* 1 Zwiebel
* 1 Orange
* 2 Knoblauchzehen
* 1 Poularde (1,8–2 kg)
* 2 EL Maiskeimöl
* 1 EL Texas-Chili-Rub (s. Seite 302)

Außerdem

* 2 kleine Kürbisse (à 400–500 g)
* 2 Bund Frühlingszwiebeln
* Maiskeimöl
* Salz
* Pfeffer aus der Mühle
* 150 g Butter
* 1 Bund Rosmarin
* 1 Zitronen

FLEISCHSCHNITT:

Poularde

ZUBEHÖR:

Grilldreibein, 2 m Wickeldraht, Gitterrost, Gusseisenpfanne, Grillthermometer

ZUBEREITUNG:

1 Das Lagerfeuer anzünden und dass Holz herunterbrennen lassen, bis sich Glut gebildet hat. Das Dreibein über dem Feuer platzieren. Zwiebel, Orange und Knoblauch schälen und grob zerteilen, das Hähnchen damit füllen und mit dem Wickeldraht zusammenbinden. Mit etwas Öl einpinseln und gleichmäßig mit dem Rub bestreuen.

2 Die Kürbisse waschen, abtrocknen und mehrmals mit einer Gabel einstechen. Im Abstand von 30 cm an der Glut platzieren. Alle 20 Minuten wenden.

3 Das Hähnchen mit den Schenkeln nach unten 50 bis 60 cm über der Glut an das Dreibein hängen und **60 Minuten** grillen. Ab und zu etwas Holz am Rand der Glut platzieren, damit die Temperatur gleichbleibt. Das Hähnchen mit der Brust nach unten weitere **60 Minuten** garen. Die optimale Kerntemperatur liegt am Schluss zwischen **75 bis 80°C**.

4 Die Frühlingszwiebeln waschen und putzen. Den Gitterrost etwa 20 cm über der Glut platzieren und die Frühlingszwiebeln **4 bis 5 Minuten** grillen. Mit etwas Öl beträufeln und mit Salz und Pfeffer würzen.

5 Die Kürbisse halbieren. Die Schnittflächen mit etwas Öl beträufeln und **3 bis 4 Minuten** auf dem Gitterrost anrösten. Fasern und Kerne mit einem Löffel entfernen und Kürbisse mit Salz und Pfeffer würzen. Rosmarin waschen und trocken schütteln. In einer Gusseisenpfanne Butter und Rosmarin erhitzen. Das Hähnchen daraufgeben, heiße Butter darüberlöffeln und das Hähnchen mit Kürbis und Zitronenspalten servieren.

Das Lagerfeuer anzünden und das Holz herunterbrennen lassen, bis sich Glut gebildet hat. Das Dreibein über dem Feuer platzieren und das Hähnchen 50 bis 60 cm über der Glut aufhängen.

In einer Gusseisenpfanne die Butter mit dem Rosmarin erhitzen, das gegrillte Hähnchen hineinsetzen und damit beträufeln.

Lammkebab mit Tomate, Peperoni und Zitronen

ZUTATEN:

* 1–1,2 kg Lammkeule ohne Knochen

Für die Marinade:
* 150 ml Olivenöl
* 1 EL edelsüßes Paprikapulver
* 1 TL gemahlener Kreuzkümmel
* 1 TL granuliertes Knoblauchpulver
* ½ TL gemahlener Koriander
* ½ TL Pfeffer aus der Mühle
* 1 TL milde Chiliflocken
* 1 TL Sumach
* 2 TL Salz

Für den Dip:
* 1 Knoblauchzehe
* 500 g griechischer Joghurt
* 1 TL milde Chiliflocken
* Saft ½ Zitronen
* Salz
* Pfeffer aus der Mühle

Außerdem:
* 8 mittelgroße Strauchtomaten
* 12 milde Gemüsepeperoni
* 2 Zitronen
* 1 kleines Bund glatte Petersilie
* 1 kleines Bund Dill

FLEISCHSCHNITT:
Lammkeule

ZUBEHÖR:
Grillspieße, Pinsel

Falls Sie nicht alle Gewürze zur Hand haben, können Sie auch die Gewürzmischung für Köfte Baharati im türkischen Supermarkt kaufen.

ZUBEREITUNG:

1 Den Grill mit geschlossenem Deckel auf etwa **240 bis 260 °C** für direktes Grillen vorheizen. Für die Marinade alle Zutaten miteinander verrühren. Das Fleisch erst in 0,5 cm dicke Scheiben gegen die Faser schneiden. Dann in 3 x 3 cm große Stücke schneiden und mit der Marinade mischen. Abgedeckt **1 Stunde** ziehen lassen.

2 Die Fleischstücke dicht auf die Grillspieße stecken. Tomaten und Peperoni waschen und ebenfalls auf Grillspieße stecken.

3 Für den Dip den Knoblauch schälen und durchpressen. Mit den übrigen Zutaten verrühren und mit Salz und Pfeffer würzen. Die Zitronen halbieren. Die Kräuter waschen, trocken schütteln und grob hacken.

4 Die Spieße bei direkter Hitze mit geschlossenem Deckel rundherum **8 bis 10 Minuten** grillen. Dabei Fleisch und Gemüse ein- bis zweimal wenden. Mit den Zitronenhälften, Kräutern und dem Joghurtdip servieren.

TIPP:
Dazu passt Dukkahbutter (s. Seite 292) und Flatbread (s. Seite 252).

Lammschulter aus dem Rauch

ZUTATEN:

* 2 Lammschultern (à 1,2 kg)
* 2 weiße Zwiebeln
* 2 säuerliche Äpfel
* 150 g Butter

Für den Rub:

* 4 Knoblauchzehen
* 1 Bund Rosmarin
* 1 EL geräuchertes Paprikapulver
* 2 EL feines Meersalz
* 1 EL Pfeffer aus der Mühle
* 1 ½ EL Rohrzucker

Außerdem:

* 60 ml Apfelsaft
* 60 ml Apfelessig
* 60 ml Worcestershiresauce
* Kansas City BBQ-Sauce (s. Seite 296)

FLEISCHSCHNITT:

Lammschulter

ZUBEHÖR:

2–3 Hände Räucherchunks, Grillschale 30 x 28 cm, Grillthermometer, Sprühflasche, Butcherpapier

ZUBEREITUNG:

1 Den Grill mit geschlossenem Deckel auf etwa **140 bis 150 °C** für indirektes Grillen oder den Smoker auf **110 bis 120 °C** vorheizen. Die Räucherchunks mindestens **1 Stunde** in Wasser einweichen.

2 Für den Rub Knoblauch schälen und fein hacken. Rosmarin waschen, trocken schütteln und fein hacken. Beides mit den übrigen Zutaten mischen. Das Fleisch gleichmäßig damit einreiben und in eine Grillschale legen.

3 Apfelsaft, Essig, Worcestershiresauce und 60 ml Wasser in eine Sprühflasche füllen. Zwiebeln und Äpfel schälen. Die Zwiebeln in Spalten und die Äpfel in Viertel schneiden und entkernen. Beides mit der Butter um das Fleisch in der Grillschale verteilen.

4 Die Räucherchunks abtropfen lassen und auf die Grillkohle oder angezündet in eine Räucherbox für den Gasgrill legen. Das Fleisch bei indirekter Hitze mit geschlossenem Deckel **1 Stunde 30 Minuten** oder im Smoker **3 bis 4 Stunden** garen. **Alle 30 Minuten** mit der Flüssigkeit in der Sprühflasche einsprühen. Die optimale Kerntemperatur an der dicksten Stelle liegt zwischen **76 bis 78 °C**. Das Fleisch in eine doppelte Lage Butcherpapier wickeln und an einem warmen Ort **30 Minuten** ruhen lassen. Das kann der ausgeschaltete Grill, Smoker oder der Backofen sein. Das Fleisch vom Knochen zupfen und mit der BBQ-Sauce servieren.

TIPP:

Eignet sich perfekt als Snack im gerösteten Burger Bun mit Cole Slaw, mit gegrilltem Maiskolben oder gefüllten Kartoffelschalen mit Frühlingszwiebeln (s. Seite 212).

Hirschkarree mit Beeren und Urkarotten

ZUTATEN:

Für den Hirschrücken:
* 1,8 kg Hirschkarree
* 4 Zweige Thymian
* 1 TL Wacholderbeeren
* 1 TL schwarze Pfefferkörner
* Salz
* 1 TL Kaffeebohnen
* 2–3 EL Sonnenblumenöl

Für das Heidelbeerchutney:
* 3–4 rote Zwiebeln
* 2 EL Sonnenblumenöl
* 1 EL gelbe Senfkörner
* 300 g Heidelbeeren
* 100 ml Portwein
* 1 Lorbeerblatt
* 1–2 TL Honig
* Salz
* Pfeffer aus der Mühle

Für die Karotten:
* 600 g bunte Urkarotten
* 2–3 EL Sonnenblumenöl
* Salz
* Zucker
* Pfeffer aus der Mühle

FLEISCHSCHNITT:
Hirschkarree

ZUBEHÖR:
Gitterrost, Gusseisenpfanne, Gusstopf, Pfannenwender, Grillthermometer

ZUBEREITUNG:

1 Das Hirschkarree waschen und trocken tupfen. Thymian waschen und trocken schütteln, mit den übrigen Gewürzen und Kaffeebohnen im Mörser zerreiben. Das Fleisch erst mit 2 bis 3 EL Öl einreiben und dann mit Salz und Gewürzen würzen.

2 Das Hirscharree auf einem Rost oder in einer Feuerpfanne auf dem Lagerfeuer **25 bis 30 Minuten** braten. Dabei mehrmals wenden. Die optimale Kerntemperatur liegt an der dicksten Stelle zwischen **54 und 58 °C**.

3 Die Zwiebeln schälen, halbieren und in Streifen schneiden. In einem kleinen Gusseisentopf auf dem Feuer 2 EL Öl erhitzen. Die Senfkörner **2 Minuten** darin anbraten, dann die Zwiebelstreifen **4 bis 5 Minuten** mitbraten. Heidelbeeren, Portwein, Lorbeer und Honig dazugeben und **20 Minuten** köcheln lassen. Mit Salz und Pfeffer würzen.

4 Die Karotten gründlich waschen und trocken tupfen. Mit 2–3 EL Öl mischen und mit Salz, Zucker und Pfeffer würzen. Auf dem Rost oder in einer Gusseisenpfanne **20 bis 25 Minuten** bei mittlerer Hitze braten.

5 Das Hirschkaree nach dem Grillen **10 bis 15 Minuten** ruhen lassen.

Die Karotten müssen vor dem Grillen nur gut gewaschen, nicht geschält werden.

Ein gleichmäßiges Feuer und Glut verleihen dem Fleisch beim Grillen ein rauchiges Aroma.

Gegrillter Rehrücken mit buntem Blumenkohl

ZUTATEN:

Für den Vanille-Rub:
* 1 EL Kubebenpfefferkörner
* ½ TL Pimentkörner
* 10 g grobes Salz
* 10 g brauner Zucker
* Mark von 1 Vanilleschote
* 1 Msp. Zimtpulver

Für den Rehrücken:
* 1 Rehrücken (ca. 1,5 kg)

Für die Glasur:
* 1 Zimtstange
* 1 Zweig Rosmarin
* 200 ml roter Portwein
* 200 ml Geflügelfond
* 2 EL Sojasauce
* 1 EL Honig
* Saft und Abrieb von 1 Bio-Orange
* 6 Wacholderbeeren
* ½ TL schwarze Pfefferkörner
* ½ TL feines Meersalz

Für den Blumenkohl:
* 4 kleine Köpfe bunter Blumenkohl
  (ca. 800 g; ersatzweise weißer Blumenkohl)
* 2 Zwiebeln
* 1 EL Butter
* Salz
* Pfeffer aus der Mühle
* 200 ml Gemüsefond

FLEISCHSCHNITT:
Rehrücken (ca. 1,5 kg)

ZUBEHÖR:
Küchengarn, Grill mit Deckel, Aluschale oder Grill-Kochgeschirr

ZUBEREITUNG:

1 Für den Rub Pfeffer und Piment im Mörser fein mahlen. Die restlichen Zutaten untermischen.

2 Den Rehrücken waschen und trocken tupfen. Die Filets an der Unterseite vom Knochen lösen. Die Rehrückenstränge an der Oberseite vom Knochen lösen und beides von Fett und Sehnen befreien. Das Fleisch rundum mit Vanille-Rub einreiben. Die Rehfilets unter die dünnen Seiten der Rehrückenstränge legen und beides wieder auf den Knochen legen. Mit Küchengarn binden. Den Rehrücken zugedeckt mindestens **30 Minuten** bei Zimmertemperatur, am besten über Nacht im Kühlschrank marinieren.

3 Den Grill mit geschlossenem Deckel auf **160 bis 180 °C** für direktes und indirektes Grillen vorheizen.

4 Die Blumenkohlköpfe putzen, waschen und in Röschen schneiden. Die Zwiebeln schälen und in Spalten schneiden.

5 Für die Glasur alle Zutaten in einen Topf geben und bei mittlerer Hitze sirupartig auf die Hälfte einkochen lassen. Durch ein Sieb gießen und zu Ende einkochen lassen.

6 Den Rehrücken bei indirekter Hitze mit geschlossenem Deckel **30 bis 35 Minuten** grillen. Die optimale Kerntemperatur für Rehrücken beträgt etwa **56 °C**. Zum Schluss den Rehrücken ohne Hitze **10 bis 15 Minuten** ruhen lassen.

7 Die Butter in einer Aluschale oder einem Grill-Kochgeschirr erhitzen und Blumenkohl und Zwiebeln darin bei direkter Hitze mit geschlossenem Deckel **3 bis 4 Minuten** angrillen. Mit Salz und Pfeffer würzen. Fond dazugießen. Blumenkohl mit geschlossenem Deckel **6 bis 8 Minuten** weich garen.

8 Das Küchengarn vom Rehrücken entfernen und das Fleisch rundum mit der Glasur bestreichen. In Scheiben schneiden und mit dem bunten Blumenkohlgemüse servieren.

Rehragout mit Thymian und Maronen

ZUTATEN:

* 250 g Zwiebeln
* 100 g Möhren
* 150 g Sellerie
* 1,6 kg Rehgulasch (küchenfertig)
* Salz
* Pfeffer aus der Mühle
* 1 TL gemahlenes Wildgewürz
* Pflanzenöl
* 1 TL Puderzucker
* 1 EL Tomatenmark
* 300 ml Rotwein
* 200 ml roter Portwein
* 1,4 l Wild- oder Geflügelfond
* 100 ml Orangensaft
* 2 Knoblauchzehen
* 4 Zweige Thymian
* 200 g gegarte Maronen
* 1 walnussgroßes Stück Ingwer (in Scheiben)
* 20 g Zartbitterschokolade
* 1 EL Johannisbeergelee

FLEISCHSCHNITT:

Rehschulter oder -keule

ZUBEHÖR:

Gitterrost, Gusseisenpfanne, Dutchoven, Pfannenwender

ZUBEREITUNG:

1 Für das Rehragout die Zwiebeln und das Gemüse schälen und in 2 cm große Würfel schneiden. Das Fleisch waschen, trocken tupfen und in 3 cm große Würfel schneiden. Mit Salz, Pfeffer und dem Wildgewürz würzen.

2 Das Fleisch in einer heißen Gusseisenpfanne rundherum in etwas Öl anbraten und in den Dutchoven füllen. Im Bratfett Zwiebeln und Gemüse anbraten. Puderzucker und Tomatenmark **1 Minute** mitbraten. Mit Rotwein und Portwein ablöschen. Vollständig einkochen lassen und mit Fond sowie Orangensaft angießen. Fleisch zurück in den Topf geben und bei kleiner Hitze **2 Stunden 30 Minuten bis 3 Stunden** zugedeckt sanft schmoren lassen.

3 Knoblauch schälen und halbieren. Thymian waschen und trocken schütteln. **15 Minuten** vor Ende der Garzeit Maronen, Ingwer, Knoblauch, Thymian, Schokolade und Johannisbeergelee unter das Ragout rühren. Je nach Konsistenz die Sauce noch etwas ohne Deckel einkochen lassen. Mit Salz und Pfeffer würzen. Ingwer, Kräuter und Knoblauch wieder entfernen und servieren.

TIPP:

Dazu passen auf der Feuerschale in etwas Öl geschmorte, kleine gewürzte Kartoffeln und Sellerie.

Den Dutchoven vor der Zubereitung mindestens 20 Minuten vorheizen damit der Garvorgang nicht unterbrochen wird.

Beim Anrösten und Ablöschen die Flüssigkeit gut einkochen lassen. Dabei intensivieren sich die Aromen der Sauce.

Fisch & Meeresfrüchte

WARENKUNDE FISCH & MEERESFRÜCHTE

Als Filet, in Würfeln auf einem Spieß, als Steak oder im Ganzen lassen sich Dorade, Lachs und Co. auf verschiedenste Art und Weise grillen. Wer bei der Zubereitung die unten aufgeführten Tipps der Garmethoden beachtet, kann schnell und unkompliziert köstliche Fischgerichte auf dem Grill zubereiten. Beachten Sie dabei, den Fisch nicht zu stark zu würzen oder zu marinieren. Ganze Fische sollten mehrmals schräg am Filet entlang eingeschnitten werden, damit die Marinade ins Fleisch einziehen kann. Bei mittlerer Hitze grillen und möglichst wenig wenden, damit das Fischfleisch nicht auseinanderfällt. Fischzangen oder Fischkörbe sind praktische Helfer.

Frischemerkmale

Augen: feucht, prall und glasklar
Kiemen: leuchtend rot, einzelne Kiemenblättchen klar erkennbar
Schuppen: glänzend
Flossen: gut erhalten, sauber glänzend
Haut: natürliche Farbe und Glanz, keine Druckstellen, klarer durchsichtiger Schleim
Bauchhöhle: sauber ausgenommen und geruchlos, leuchtend rote Blutreste
Geruch: kein starker Eigengeruch, nach frischem Meerwasser und Jod

Der Einkauf

Bei Fisch verhält es sich wie bei allen anderen Produkten auch: Kaufen Sie nur gute Qualität aus nachhaltiger Fischerei, regionale oder geangelte Ware. Aber bitte keine Tiefkühlprodukte, diese würden auf dem Grill nur Wasser verlieren und trocken werden.

Garmethoden

Direktes Grillen

Ganze festfleischige Fische oder ihre Filets mit Haut (aber geschuppt), denn diese dient als natürlicher Schutz. Leicht geölt und in der Bauchhöhle mit Kräutern, Gewürzen oder Zitrusfrüchten gefüllt, kommen sie auf den Grill. Grillen auf einer gewässerten Zedernholzplanke ist ebenfalls eine beliebte schonende Zubereitungsart für Lachs oder Heilbutt.
Sorten: Lachs, Heilbutt, Zander, Goldmakrele, Forelle, Saibling, Dorade, Wolfsbarsch, Red Snapper, Seeteufel, Thunfisch, Schwertfisch

Direktes Grillen in einer Hülle

Fischfilets mit nicht so festem Fleisch schützt man beim Grillen durch eine Hülle, damit ihr Fleisch nicht zerfällt oder am Grillrost kleben bleibt. Dafür geeignet sind Bananenblätter, Räucherspeckscheiben (Bacon), Woodsheets oder gewässertes Zeitungspapier. Die Filets werden gewürzt oder mariniert, dann eingewickelt und gegrillt.
Sorten: Kabeljau-, Rotbarsch- oder Seelachsfilet, aber auch jedes andere Fischfilet

Indirektes Grillen in einer Hülle

Ganze Fische können pur, in einer Meersalzkruste oder erst in Backpapier und dann in gewässertes Zeitungspapier gewickelt gegart werden.
Sorten: Wolfsbarsch, Dorade, Lachsforelle, Forelle, Zander, Red Snapper

TIPPS & TRICKS

▶ *Immer nur den Fisch oder die Filets einölen, nie den Rost.*

▶ *Wenn Sie ein Fischfilet mit Haut grillen, legen Sie unter dünne Schwanzspitzen eine rohe Kartoffelscheibe, damit das Filet gleichmäßig gart.*

▶ *Grillen Sie die erste Seite des Fischfilets immer 1 bis 2 Minuten länger als die andere, so bildet sich eine schöne Kruste.*

▶ *Wenn Sie Fischfilets mit Haut grillen, legen Sie erst die Seite mit der Haut nach oben auf den Rost. Nach dem Wenden und Fertiggaren schieben Sie einen Grillwender zwischen Haut und Fischfleisch und heben das Filet ab. Die Haut bleibt auf dem Grill zurück.*

▶ *Fisch bei starker Hitze grillen. Er löst sich am besten vom Rost, wenn sich an der Unterseite eine schöne Kruste gebildet hat.*

▶ *Damit sich eine schöne Kruste bildet, den Fisch auf dem Rost nicht bewegen und nur einmal wenden.*

Wann ist der Fisch fertig?

Fisch sollte auf keinen Fall zu lange gegart werden. Nehmen Sie ihn vom Grill, bevor sein Fleisch blättrig auseinanderfällt. Das Fischfleisch sollte nicht mehr durchsichtig erscheinen und einen leicht glasigen Kern haben. Die einfachste Methode, um den Überblick zu bewahren, ist ein digitales Grillthermometer. Bei **50 bis 52°C** ist der Fisch gar.

Wenn sich bei ganzen Fischen die Rückengräte herausziehen lässt, sind sie ebenfalls gar.

Sie können auch einen Metallspieß für ein paar Sekunden in die dickste Stelle des Fisches stecken und die Nadelspitze an die Haut zwischen Daumen und Zeigefinger halten. Fühlt es sich warm an, ist er fertig. Heiß bedeutet zu lange gegart und kalt heißt noch ein wenig weitergrillen.

Schwert- und Thunfischsteaks mit 1,5 cm Dicke auf jeder Seite nur **30 Sekunden bis 1 Minute** grillen. Sie sollten im Kern noch fast roh serviert werden, da sie sonst zu sehr austrocken.

Meeresfrüchte

Muscheln, Austern und Co.

Absolute Frische und Lebendware sind hier die Voraussetzung zum Grillen!

Miesmuscheln/Venusmuscheln

Alle Muscheln putzen und gegebenenfalls **1 Stunde** in gesalzenem Eiswasser aussanden lassen. Alle Exemplare kontrollieren und geöffnete wegwerfen. Gegenteilig verhält es sich nach dem Grillen: Muscheln, die jetzt noch geschlossen sind, aussortieren und ebenfalls wegwerfen.

Garen können Sie die Muscheln über der direkten Hitze auf dem Grillrost, in einer Gusseisenpfanne oder in einem Grillkorb. Fertig sind sie, wenn sie sich geöffnet haben. Kräuterbutter und Baguette dazu – mehr braucht es nicht zum Glück.

Jakobsmuscheln/Auster

Sie werden erst geöffnet und können dann direkt in der Schale auf dem Rost oder in der Glut gegrillt werden. Bei Jakobsmuscheln kann man nur den weißen Muskel und den orangefarbenen Rogen essen. Alles andere entfernen oder gleich nur das Muskelfleisch kaufen. Beim Grillen darauf achten, dass man eine gute Hitze hat, sonst werden die Muscheln zäh und gummiartig. Bei mittlerer Größe reicht 1 Minute auf jeder Seite aus.

Garnelen

Der Einkauf

Beim Kauf kommt es weniger auf die Sorte an. Wichtiger ist, dass es sich im besten Fall um Wildfang oder Exemplare aus nachhaltiger Aquakultur handelt. Je tiefer sie gefischt werden, desto besser ist ihre Qualität. Tiefgekühlte Ware immer langsam nebeneinander ausgebreitet über Nacht im Kühlschrank auftauen lassen. Garnelen, die schon orange gefärbt sind, sind nicht mehr roh und werden beim Grillen trocken.

Zubereitung

Garnelen können mit oder ohne Schale zubereitet werden. Mit Schale werden sie am Rücken entlang mit einer Schere bis zum Schwanzende aufgeschnitten, um den Darm zu entfernen. Ich bevorzuge allerdings die Schmetterlingsmethode: Dabei die Garnelen an der Bauchseite der Länge nach mit einem scharfen Messer fast halbieren und so aufklappen, dass die Schale unten liegt. So wird die Garnele beim Grillen geschützt und die Marinade sammelt sich in der Schale. Um sich das lästige Wenden von Garnelen zu sparen, spießen Sie sie vorher auf lange Metallgrillspieße auf. Beim Grillen ohne Schale empfiehlt es sich, eine mittlere Hitze zu wählen, da das Garnelenfleisch schnell gummiartig wird. Sie können es zum Schutz zusätzlich in Speck einrollen.

Um zarte Fischfilets vor dem Austrocknen zu schützen, gibt es verschiedene natürliche Materialien. Bananenblätter beispielsweise wurden in tropischen Regionen schon vor Hunderten von Jahren verwendet – lang bevor es Grills gab. Und Woodsheets verleihen dem Fisch eine feine Rauchnote.

Cajun-Lachs im Woodsheet mit Mango-Limetten-Salsa

ZUTATEN:

* 4 Lachsfilets (à 200–220 g)
* 2 EL Maiskeimöl
* 4 TL Cajun-Rub (s. Seite 302)

Für die Salsa:
* 1 rote Paprikaschote
* 1 reife Mango
* 1 rote Chilischote
* 3 Frühlingszwiebeln
* ½ Bund frischer Koriander
* 2 EL Maiskeimöl
* 2 EL Reis- oder Weißweinessig
* 1 Msp. Zimtpulver
* 2 Msp. gemahlener Koriander
* Salz
* 2 Bio-Limetten

FISCHSCHNITT:

Lachsfilet

ZUBEHÖR:

Woodsheets, Küchengarn

ZUBEREITUNG:

1 Den Grill mit geschlossenem Deckel auf **200 bis 220 °C** für direktes und indirektes Grillen vorheizen. Die Woodsheets und das Küchengarn mit Wasser bedecken, mit einer Tasse beschweren und **45 Minuten** einweichen. Die Lachsfilets auf der Fleischseite mit etwas Öl einreiben und gleischmäßig mit dem Rub bestreuen.

2 Für die Salsa die Paprika waschen und abtrocknen. Auf dem Grill oder einer Gasflamme einige Minuten rösten, bis die Haut schwarz ist. Die Paprika häuten, entkernen und fein würfeln. Die Mango schälen, das Fruchtfleisch auf den flachen Seiten vom Stein schneiden und fein würfeln. Die Chilischote längs halbieren, entkernen, waschen und fein würfeln. Die Frühlingszwiebeln waschen, putzen und in feine Ringe schneiden. Koriander waschen, trocken schütteln und mit den Stielen fein hacken. Alles mit den restlichen Zutaten gut mischen und mit Salz und dem Saft einer Limette würzen.

3 Die Fischfilets in die gewässerten Woodsheets einrollen und mit Küchengarn zusammenbinden. Bei direkter Hitze mit geschlossenem Deckel **4 bis 5 Minuten** grillen, bis die Woodsheets gebräunt sind und leicht rauchen. Danach bei indirekter Hitze mit geschlossenem Deckel **8 bis 10 Minuten** zu Ende garen. Die Limette heiß abwaschen, trocken reiben, halbieren, mit der Schnittfläche in Rohrzucker drücken und bei direkter Hitze **1 bis 2 Minuten** karamellisieren lassen.

1. Die Lachsfilets auf der Fleischseite mit etwas Öl einreiben und gleichmäßig mit dem Rub bestreuen.

2. Fischfilets jeweils in eine Woodsheet einrollen und mit gewässertem Küchengarn zubinden.

Black Cod im Bananenblatt

ZUTATEN:

Für den Kabeljau:
* 2 EL Mirin (süßer japanischer Reiswein)
* 2 EL Sake (japanischer Reiswein)
* 50 g Rohrzucker
* 100 g helle Misopaste
* 40 g Röstzwiebeln
* 4 Kabeljaufilets (à 200–220 g)
* 2 Bananenblätter (ca. 80 x 25 cm; Asienladen)

Außerdem:
* 2 Bio-Limetten

FISCHSCHNITT:
Kabeljau

ZUBEHÖR:
Bananenblätter, Zahnstocher

ZUBEREITUNG:

1 Für die Marinade Mirin, Sake und Zucker in einem kleinen Topf zum Kochen bringen. Vom Herd nehmen, mit der Misopaste und den Röstzwiebeln verrühren und abkühlen lassen. Die Kabeljaufilets in die Marinade einlegen und zugedeckt **8 bis 12 Stunden** kalt stellen.

2 Den Grill mit geschlossenem Deckel auf **200 bis 220 °C** für direktes Grillen vorheizen. Die Bananenblätter mit einer Grillzange über den heißen Grill halten, bis sie glänzen. Dabei werden sie weich und lassen sich gut falten. Die Blätter in vier gleich große Stücke teilen, die Fischfilets darin einschlagen und mit Zahnstochern feststecken.

3 Die Päckchen bei direkter Hitze mit geschlossenem Deckel von beiden Seiten je **5 bis 6 Minuten** grillen.

4 Die Päckchen erst kurz vor dem Servieren öffnen. Die Limetten heiß abwaschen, trocken reiben, halbieren und dazureichen.

TIPP:
Dazu passt Mango-Jalapeño-Slaw (s. Seite 236) oder gegrillter grüner Spargel (s. Seite 211).

Pulled BBQ Salmon Burger

ZUTATEN:

Für die Sauce:
* 300 g Mayonnaise
* 50 g Röstzwiebeln
* 1 TL Apfelessig
* 2 TL Ahornsirup
* Salz
* Cayennepfeffer

Für den Pulled Lachs:
* 600–800 g Lachsfilet mit Haut
* 2 EL Maiskeimöl
* 1 EL Classic BBQ-Rub (s. Seite 295)

Außerdem:
* 1 große Fleischtomate
* 4 Salatblätter
* 4 Brioche-Burger-Buns
* 2 EL weiche Butter
* ½ Rezept Bacon-Chipotle-Slaw
  (s. Seite 236)

FISCHSCHNITT:
Lachsfilet

ZUBEHÖR:
Pinsel

ZUBEREITUNG:

1 Den Grill mit geschlossenem Deckel auf **200 bis 220 °C** für direktes Grillen vorheizen. Für die Sauce bis auf 2 EL Röstzwiebeln alle Zutaten miteinander verrühren und mit Salz und Cayennepfeffer würzen. Das Lachsfilet auf der Fleischseite mit Öl einpinseln und gleichmäßig mit dem Rub bestreuen.

2 Die Tomate waschen, trocken reiben, den Stielansatz entfernen und in Scheiben schneiden. Salat waschen und trocken schütteln.

3 Den Lachs bei direkter Hitze **12 bis 14 Minuten** mit geschlossenem Deckel grillen. Wenden und auf der Fleischseite weitere **5 bis 6 Minuten** mit geschlossenem Deckel grillen. Die Burger Buns halbieren und jeweils mit etwas Butter bestreichen. Bei direkter Hitze **1 Minute** goldbraun anrösten. Den gegarten Lachs in mundgerechte Stücke zerrupfen.

4 Die Unterseite der Buns mit etwas Sauce, Salat und Tomatenscheiben belegen. Darauf jeweils etwas Bacon-Chipotle-Slaw, Pulled Salmon, Sauce und ein paar Röstzwiebeln geben. Den Deckel anlegen und servieren.

Tandoori-Shrimps mit Erdnuss-Linsen-Dal

ZUTATEN:

Für das Dal:
* 1 weiße Zwiebel
* 2 Knoblauchzehen
* 20 g Ingwer
* 2 EL Maiskeimöl
* 1 TL braune Senfkörner
* ½ TL gemahlene Kurkuma
* 1 TL Currypulver
* 1 TL milde Chiliflocken
* 125 g rote oder gelbe Linsen
* 200 ml stückige Tomaten (aus der Dose)
* 200 ml Kokosmilch
* 200 ml Geflügelbrühe
* Salz
* Pfeffer aus der Mühle
* Zucker

Für die Garnelen:
* 1 Limette
* 12 Riesengarnelen (ohne Kopf, geschält)
* 1–2 TL Tandooripaste
* 100 g Räucherspeck in Scheiben

Außerdem:
* 1 Bund Koriander
* 1 Bio-Limette
* 50 g gesalzene geröstete Erdnusskerne
* 50 g Röstzwiebeln

FISCHSCHNITT:
Riesengarnelen

ZUBEHÖR:
Grillspieße

ZUBEREITUNG:

1 Für das Dal Zwiebel, Knoblauch und Ingwer schälen und fein hacken. Das Öl in einer Pfanne erhitzen. Zwiebel, Knoblauch und Ingwer darin **3 bis 4 Minuten** anbraten. Die Gewürze dazugeben und **1 Minute** mitbraten. Linsen und die restlichen Zutaten dazugeben und bei niedriger Hitze **20 Minuten** köcheln lassen. Mit Salz, Pfeffer und Zucker würzen.

2 Den Grill mit geschlossenem Deckel auf **200 bis 220 °C** für direktes Grillen vorheizen. Die Limette halbieren und auspressen. Die Garnelen mit Limettensaft und Tandooripaste marinieren. Jede Garnele in 1 Speckscheibe wickeln. Garnelenpäckchen auf einen Grillspieß stecken. Bei direkter Hitze mit geschlossenem Deckel von beiden Seiten jeweils **3 bis 4 Minuten** grillen.

3 Koriander waschen, trocken schütteln und grob hacken. Die Limette heiß abwaschen, trocken reiben und in Spalten schneiden. Die Erdnüsse grob hacken.

4 Die Garnelen mit Dal, Koriander, Erdnüssen, Röstzwiebeln und Limettenspalten servieren.

TIPP:
Dazu passt Flatbread (s. Seite 244/245).

Saltimbocca vom Seeteufel mit Salbei-Marsala-Butter

ZUTATEN:

* 800 g Seeteufel oder Steinbeißerfilet (ca. 4 cm dick)
* 1 TL abgeriebene Bio-Zitronenschale
* 2 EL Olivenöl
* Pfeffer aus der Mühle
* feines Meersalz
* 150 g Pancetta oder Räucherspeck (in Scheiben)

Außerdem:

* 2 Bund Frühlingszwiebeln
* 200 g Cocktailtomaten
* Olivenöl
* Salz
* Pfeffer aus der Mühle
* Salbei-Marsala-Butter (s. Seite 293)

FISCHSCHNITT:

Seeteufelfilet

ZUBEHÖR:

Küchengarn

ZUBEREITUNG:

1 Den Grill mit geschlossenem Deckel auf **180 bis 200 °C** für direktes und indirektes Grillen vorheizen. Die Fischfilets mit abgeriebener Zitronenschale, Olivenöl, Pfeffer und wenig Salz einreiben.

2 Die Pancettascheiben leicht überlappend nebeneinander legen und die Fischfilets längs darauflegen. Pancetta zu Röllchen aufrollen und an drei bis vier Stellen mit in Wasser eingeweichtem Küchengarn zusammenbinden.

3 Die Fischfilets bei direkter Hitze mit geschlossenem Deckel von allen Seiten **5 bis 6 Minuten** grillen, bis der Pancetta knusprig gebräunt ist. Danach bei indirekter Hitze mit geschlossenem Deckel **12 bis 14 Minuten** zu Ende garen.

4 Die Frühlingszwiebeln waschen, putzen und in 12 cm lange Stücke schneiden. Mit den Cocktailtomaten und in etwas Olivenöl marinieren. Mit Salz und Pfeffer würzen. Das Gemüse bei direkter Hitze mit geschlossenem Deckel **5 bis 6 Minuten** grillen.

TIPP:

Dazu passen gefüllte Kartoffelschalen mit Frühlingszwiebeln (s. Seite 212).

Thunfischsteak mit Salade Niçoise

ZUTATEN:

Für das Thunfischsteak:

* 4 Thunfischsteaks (à 150–200 g)
* 2 EL Sojasauce
* 2 EL Sesamöl
* Salz
* Pfeffer aus der Mühle
* Öl für den Grillrost

Für den Salat:

* 8 gekochte Wachteleier (aus dem Glas)
* 1 rote Zwiebel
* 200 g Cocktailtomaten
* 1 gelbe Paprikaschote
* 1 rote Paprikaschote
* 150 g Prinzessbohnen (aus der Dose)
* 6 Sardellenfilets (in Öl)
* 100 g schwarze Oliven (entsteint)
* Zesten und Saft von 1 Bio-Zitrone
* Salz
* Pfeffer aus der Mühle
* 50 ml Olivenöl
* 4 Stiele Petersilie

FLEISCHSCHNITT:

Thunfischsteak

ZUBEHÖR:

Grill mit Deckel

ZUBEREITUNG:

1   Für die Thunfischsteaks den Grill mit geschlossenem Deckel auf **etwa 220 °C** für direktes Grillen vorbereiten.

2   Die Thunfischsteaks waschen und trocken tupfen. Auf beiden Seiten mit der Sojasauce und dem Sesamöl einpinseln und mit Salz und Pfeffer würzen.

3   Für den Salat die Eier halbieren. Die Zwiebel schälen, halbieren und in Streifen schneiden. Die Tomaten waschen und halbieren. Die Paprikaschoten mit dem Sparschäler schälen, längs halbieren, entkernen und in Rauten schneiden. Die Bohnen und die Sardellenfilets abtropfen lassen, die Oliven in Scheiben schneiden. Alle Zutaten für den Salat in einer Schüssel mischen.

4   Die Zitronenzesten und den -saft mit Salz und Pfeffer verrühren und das Olivenöl unterschlagen. Das Dressing unter den Salat mischen. Die Petersilie waschen und trocken schütteln, die Blätter abzupfen und fein schneiden.

5   Den Grillrost mit Öl einfetten und die Thunfischsteaks bei direkter Hitze offen auf jeder Seite **1 bis 2 Minuten** (je nach gewünschtem Garzustand) angrillen.

6   Den Salat auf Teller verteilen und mit der Petersilie bestreuen. Die Thunfischsteaks daneben anrichten.

TIPP:

Kaufen Sie am besten Thunfisch in Sashimi-Qualität.
Er ist superfrisch, hat eine leuchtend rote Farbe und wird unter anderem für Sushi verwendet.

4-6 Port. **50 Min.** **35 Min.**

Gebrannter Lachs mit Wildkräutersalat

ZUTATEN:

Für den Lachs:
* 1,5–1,8 kg Wildlachsfilet mit Haut
* ½ TL Wacholderbeeren
* ½ TL getrockneter Koriander
* 1 TL Pfefferkörner
* 1 TL Chiliflocken
* 2–3 TL Salz
* 2 Bund Dill

Für den Dip:
* 300 g Schmand
* 300 g Joghurt
* 1–2 EL fein gehackter Dill
* ½ TL abgeriebene Bio-Zitronenschale
* 1 EL Zitronensaft
* 1 EL Honig
* 1 TL Chiliflocken
* 1 TL Zitronenpfeffer
* Salz

Für den Salat:
* 400 g Wildkräuter (z.B. Borretsch, Pimpernelle, Wasserkresse, Scharfgabe)
* 1 Hand voll essbare Blüten (z.B. Schnittlauch, Kapuzinerkresse, Borretsch)
* 200 g Rettich oder Melonenrettich
* 2 EL Zitronensaft
* 1–2 TL Honig
* 4 EL Traubenkernöl
* Salz
* Zitronenpfeffer

FISCHSCHNITT:
Lachsfilet

ZUBEHÖR:
Buchenbrett (50 x 20 cm, ca. 1 cm dick; aus dem Baumarkt), Wickeldraht (aus dem Baumarkt)

ZUBEREITUNG:

1 Das Buchenbrett **1 Stunde** wässern, damit es am Feuer nicht verbrennt. Es macht nichts, wenn das Brett etwas ankokelt, das gibt Aroma für die nächste Verwendung.

2 Ein Lagerfeuer anzünden und **ca. 30 bis 40 Minuten** brennen lassen. Am besten eignet sich Buchenholz, weil es sehr trocken ist und eine gute Flammenhöhe erreicht.

3 Das Lachsfilet von Gräten befreien und mit der Hautseite auf das Brett legen. Im Mörser Wacholder, Koriander und Pfeffer fein zerdrücken. Chiliflocken und Salz dazugeben und mischen. Den Dill waschen und fein hacken. Die Gewürzmischung und den Dill auf dem Fisch verteilen und gründlich einreiben. Den Fisch nun mit dem Draht gut am Brett festbinden und die Gewürze **1 bis 2 Stunden** einziehen lassen. Das Holzbrett mit dem Fisch senkrecht mit einem Abstand von 20 bis 30 cm an das Feuer stellen und je nach Dicke des Fisches **30 bis 35 Minuten** garen.

4 Für den Dip alle Zutaten verrühren und mit Salz würzen.

5 Für den Salat die Kräuter und Blüten waschen und trocken tupfen. Den Rettich waschen, schälen und in feine Scheiben hobeln. Für die Marinade Zitronensaft, Honig und Öl verrühren und mit Salz und Zitronenpfeffer würzen. Den Salat damit marinieren.

6 Das Brett mit einer Bürste reinigen, trocken lassen und dann beim nächsten Mal einfach wieder verwenden.

TIPP:

Am besten geeignet für diese Garmethode sind Fische mit einem höheren Fettgehalt, wie z.B. Lachs, Heilbutt, Forelle, Lachsforelle oder Saibling, weil sie weniger trocken werden.

Forelle im Heu gegart mit Senfcreme

ZUTATEN:

* 4 Forellen- oder Saiblingsfilets (à 150–180 g)

Für das Gemüse:
* 100 ml Apfelessig
* 100 g Rohrzucker
* 2 Lorbeerblätter
* 600 g Gemüse (z.B. Radieschen, Pinke Bete, Rettich)

Für die Marinade:
* 75 g Salz
* 75 g Rohrzucker
* 2 zerdrückte Knoblauchzehen
* 2 Gewürznelken
* 1 Lorbeerblatt

Für die Senfcreme:
* 200 g Mayonnaise
* 1 EL Dijon Senf
* 1 EL Honig
* ½ Bund fein gehackter Dill
* Salz
* Pfeffer aus der Mühle

FISCHSCHNITT:
Forellen- oder Saiblingsfilet

ZUBEHÖR:
getrocknetes Wiesenheu (aus dem gut sortierten Supermarkt), Buchenbrett (50 x 20 cm, ca. 1 cm dick; aus dem Baumarkt), Grillwender, Pinsel

ZUBEREITUNG:

1 Am Vortag für das Gemüse Essig, Zucker, 250 ml Wasser und Lorbeerblätter in einem kleinen Topf erwärmen, bis sich der Zucker aufgelöst hat. Die Radieschen waschen, putzen, trocken tupfen und vierteln. Andere Gemüsesorten je nach Sorte waschen, putzen oder schälen und in feine Scheiben hobeln oder schneiden. Mit der Marinade begießen und zugedeckt über Nacht im Kühlschrank ziehen lassen.

2 Für die Marinade 500 ml Wasser und die restlichen Zutaten aufkochen und abkühlen lassen. Die Fischfilets **30 bis 45 Minuten** darin einlegen. Für die Senfcreme alle Zutaten miteinander verrühren und mit Salz und Pfeffer würzen.

3 Ein Lagerfeuer anzünden und dass Holz herunterbrennen lassen, bis sich Glut gebildet hat.

4 Auf dem Brett die Hälfte des Heus mit den Fischfilets belegen und mit der zweiten Hälfte abdecken. Alles zusammen auf die Glut schieben und **5 bis 6 Minuten** runterbrennen lassen. Die Filets mit einem Grillwender auf einen Teller heben und mit einem Pinsel säubern. Mit der Senfcreme und dem eingelegtem Gemüse servieren.

Garnelenburger Thai-Style mit Avocado

ZUTATEN:

Für die Pattys:
* 800 g Riesengarnelen (ohne Kopf, geschält)
* 2 EL Maiskeimöl
* 1 EL Sweet-Chili-Rub (s. Seite 303)

Für den Slaw:
* 400 g Spitzkohl
* 2 Möhren
* 10 g Ingwer
* 1 Bund Koriander
* 1 EL Limettensaft
* 200 g Mayonnaise
* 1 EL Sesamöl
* 2 EL helle Sojasauce
* Salz
* Pfeffer aus der Mühle

Außerdem:
* 1 Avocado
* 4 grüne Salatblätter
* 10-12 Mini-Burger-Buns
* 2 EL weiche Butter
* Ananas-Salsa (s. Seite 294)
* 2 EL geröstete Sesamsamen

FISCHSCHNITT:
Riesengarnelen

ZUBEHÖR:
Grillplatte, Grillwender

ZUBEREITUNG:

1 Den Grill mit geschlossenem Deckel mit der Grillplatte auf **200 bis 220 °C** für direktes Grillen vorheizen. Die Garnelen in einer Küchenmaschine zu einer formbaren Masse verarbeiten, nicht zu fein hacken. Mit eingeölten Händen vier 1,5 cm dicke Pattys formen. Gleichmäßig mit dem Rub bestreuen.

2 Für den Slaw den Spitzkohl waschen und den Strunk entfernen. Halbieren und in feine Streifen schneiden. Die Möhren schälen und in feine Streifen schneiden. Den Ingwer schälen und fein reiben. Den Koriander waschen, trocken schütteln und mit den Stielen grob hacken. Alles zusammen mit den restlichen Zutaten gut mischen. Mit Salz und Pfeffer würzen. Avocado schälen, entkernen und in dünne Spalten schneiden. Die Salatblätter waschen und trocken schütteln.

3 Die Pattys bei direkter Hitze auf der Grillplatte mit geschlossenem Deckel von beiden Seiten jeweils **2 bis 3 Minuten** grillen. Die Buns halbieren und jeweils mit etwas Butter einpinseln. Bei direkter Hitze auf der Schnittfläche **ca. 20 Sek.** goldbraun anrösten. Die Unterseite der Buns mit Salat, Cole Slaw, Patty, Avocado und Ananas-Salsa belegen. Mit Sesam bestreuen, den Deckel anlegen und servieren.

Spicy & smokey gegrillte Austern

ZUTATEN:

Für die Austern:

* 12 große Austern
* 1 kg grobes Meersalz
* 80 g Butter
* 80 g Räucherspeck (Bacon; in Scheiben)
* 1 Bund Schnittlauch
* 2 Bio-Zitronen
* 50 g geriebener Emmentaler
* Pfeffer aus der Mühle
* Tabasco Chipotle

ZUBEHÖR:

Austernöffner, 1 kleiner Topf, Grillschale ca. 40 x 25 cm, Thermohandschuhe

Gegrillte Austern sind hervorragend geeignet, sich einmal an dieses Meeresgetier heranzutrauen. Wenn man die Auster im eigenen Saft mit etwas Butter und anderen Zutaten zubereitet, tut das dem Geschmack keinen Abbruch. Im Gegenteil! Wie bei allen Meeresfrüchten muss man jedoch sehr auf Frische und das Timing der Zubereitung achten. Prüfen Sie vorher jede Auster, ob sie fest verschlossen ist, und nach dem Öffnen, ob sie nach frischem Meer riecht und sich in der tieferen Hälfte frisches Austernwasser befindet.

ZUBEREITUNG:

1 Den Grill mit geschlossenem Deckel auf **280 bis 300°C** für direktes Grillen vorheizen. Das Meersalz in der Grillschale gleichmäßig verteilen.

2 Ein dickes Geschirrtuch mehrmals zusammenfalten. Eine Auster mit der flachen Seite nach oben auf das gefaltete Geschirrtuch legen, darüber ein Teil des Tuches klappen, sodass nur noch an der Spitze das Gelenk herausschaut. Die Auster mit einer Hand fest auf die Arbeitsfläche drücken, mit der anderen mit dem Austernöffner vorsichtig in das Gelenk stechen und die Auster aufhebeln. Die restlichen Austern auf dieselbe Weise öffnen und kontrollieren, ob sie nach frischem Meer riechen. Die Hälfte des Austernwassers abgießen. Die Austern nebeneinander in das vorbereitete Salzbett setzen, damit sie stabil stehen.

3 Die Butter in einem kleinen Topf auf dem Grill zerlassen. Den Speck bei direkter Hitze knusprig grillen. Auf Küchenpapier abtropfen lassen und grob hacken. Den Schnittlauch waschen, trocken schütteln und in feine Röllchen schneiden. Die Zitronen heiß abwaschen, trocken reiben und halbieren. Mit der Schnittfläche nach unten **1 bis 2 Minuten** auf dem Grill anrösten.

4 Auf jede Auster etwas flüssige Butter, Bacon und Käse geben und mit Pfeffer würzen. Die Grillschale mittig auf den Grillrost stellen und die Austern bei direkter Hitze **5 bis 6 Minuten** mit geschlossenem Deckel grillen. Austern vom Grill nehmen und mit 1 Spritzer Tabasco, Schnittlauchröllchen und den gegrillten Zitronenhälften servieren.

TIPP:

Geübte können die Austern wie im Rezept vorbereiten und ohne Grillrost direkt mit einer langen Grillzange in die Glut setzen und grillen. Die Garzeit beträgt dabei 3 bis 4 Minuten.

Lachsforelle vom Salzstein

ZUTATEN:

* **4 Lachsforellenfilets (à 200–220 g)**

Für den Salat:
* **2 Cedrat- oder Amalfi-Zitronen**
* **1 rote Peperoni**
* **1 Bund gemischte Kräuter (Basilikum, Petersilie, Dill)**
* **5 EL Olivenöl**
* **feines Meersalz**
* **Pfeffer aus der Mühle**

Für die Marinade:
* **2 Knoblauchzehen**
* **1 TL abgeriebene Bio-Zitronenschale**
* **1 EL Zitronensaft**
* **1 EL Honig**
* **3 EL Olivenöl**
* **1 TL Chiliflocken**
* **½ TL Pfeffer aus der Mühle**

FISCHSCHNITT:
Lachsforellenfilet

ZUBEHÖR:
2 Salzplanken, Pinsel

ZUBEREITUNG:

1 Die Salzsteine bei indirekter Hitze mit geschlossenem Deckel langsam **15 Minuten auf 80 °C**, dann **15 Minuten auf 180 °C** und zuletzt **15 Minuten auf 250 °C** erhitzen, damit sie nicht platzen. Wer auf Nummer sicher gehen will, heizt die Salzplanken im Backofen und den Grill separat auf **180 bis 200 °C** vor.

2 Für den Salat die Zitronen heiß abwaschen, trocken reiben und in feine Scheiben hobeln oder schneiden. Die Peperoni halbieren, entkernen und in feine Streifen schneiden. Die Kräuter waschen, trocken schleudern und grob hacken. Mit den Zitronenscheiben und den restliche Zutaten **10 bis 15 Minuten** marinieren. Mit Salz und Pfeffer würzen.

3 Für die Marinade den Knoblauch schälen, durchpressen und mit den restlichen Zutaten verrühren. Die Fischfilets mit der Marinade einpinseln und auf den Salzplanken bei indirekter Hitze mit geschlossenem Deckel **10 bis 12 Minuten** grillen.

TIPP:
Dazu passen gegrilltes Knoblauchbrot und Hasselback-Kartoffeln (s. Seite 250).

Geräucherte Forellenfilets mit Tee-Rub

ZUTATEN:

* 4 Forellenfilets (à 120–150 g)
* 1 Rezept Tee-Rub (s. Seite 303)
* 4 gewässerte Holz- oder Bambusspieße (ca. 30 cm lang)

FLEISCHSCHNITT:

Forellenfilet

ZUBEHÖR:

Spieße, Grill mit Deckel, 1 Handvoll gewässerte Holzchips

ZUBEREITUNG:

1 Die Forellenfilets waschen und trocken tupfen. Mit dem Tee-Rub einreiben und zugedeckt bei Zimmertemperatur mindestens **30 Minuten** marinieren. Danach je 1 Filet ziehharmonikaartig auf einen Spieß stecken.

2 Den Grill mit geschlossenem Deckel auf **etwa 180 °C** für indirektes Grillen vorheizen.

3 Die „Steckerlfische" am Rost fixieren, die Holzchips direkt auf die Glut geben und die Fischfilets mit geschlossenem Deckel etwa **10 Minuten** – je nach Geschmack – räuchern. (Beim Gasgrill die Chips in die Räucherbox geben und auf höchster Stufe zum Rauchen bringen. Sobald sich dichter Rauch entwickelt, das Gas zurückdrehen, ggf. ausschalten und die Filets räuchern.)

TIPP:

Auf diese Weise können Sie auch andere fettreiche und mittelfette Fische zubereiten, z.B. Lachs, Lachsforelle, Saibling oder Regenbogenforelle.

4 Port. · **30 Min.** · **25 Min.**

Heilbutt von der Zedernholzplanke

ZUTATEN:

Für den Heilbutt:

* 4 Heilbuttfilets (à 200–300 g, ca. 2,5 cm dick)
* 2 EL Fisch-Rub (s. Seite 303)
* 1–2 EL Maiskeimöl
* 2 EL Ahornsirup

Außerdem:

* 1 Salatgurke
* 2 Möhren
* 1 EL Weißweinessig
* 2 EL Sweet-Chili-Sauce
* 1 EL Sesamöl
* 1 Bund Koriander
* 40 g geröstete gesalzene Erdnusskerne
* 40 g Röstzwiebeln
* Kimchi-Mayonnaise (s. Seite 299)

FISCHSCHNITT:

Heilbuttfilet

ZUBEHÖR:

1 Zedernholzplanke 40 x 20 cm oder 2 kleinere Bretter, Grillthermometer

Schonend und geschmacksintensiv ist diese Grillmethode. Der Fisch erhält durch das Grillen auf einer angekokelten Holzplanke nicht nur ein herrliches Raucharoma, sondern wird auch geschützt, damit er zart und saftig bleibt.

ZUBEREITUNG:

1 Die Zedernholzplanke bzw. die Bretter **1 Stunde** wässern: Die Planke oder die Bretter in ein tiefes mit Wasser gefülltes Backblech legen und mit einer schweren Schüssel beschweren, damit sie unter Wasser bleiben. Den Grill mit geschlossenem Deckel auf **200°C bis 230°C** für direktes Grillen oder den Smoker auf **120°C** vorheizen.

2 Die Gurke und die Möhren schälen. Gurke längs halbieren und mit einem Teelöffel die Kerne entfernen. Gurke und Möhren in feine Streifen schneiden. Mit Essig, Sweet-Chili-Sauce und Sesamöl marinieren. Den Koriander waschen, trocken schütteln, grob hacken und unterheben.

3 Die gewässerte Planke bzw. die Bretter bei direkter Hitze auf den Rost geben und mit geschlossenem Deckel **8 bis 10 Minuten** ankokeln lassen, bis es leicht raucht.

4 Die Fischfilets mit etwas Öl einreiben und rundherum mit dem Rub bestreuen. Die angekokelte Planke wenden und die Fischfilets dicht aneinander darauflegen. Die Hitze auf **160°C** reduzieren und mit geschlossenem Deckel **20 bis 25 Minuten** oder im Smoker bei **120°C 1 Stunde** fertig garen. Beim Smoken die Temperatur in den letzten **15 Minuten auf 150°C** erhöhen. Die optimale Kerntemperatur liegt zwischen **50 bis 52°C**. Den Fisch mit Ahornsirup beträufeln und mit dem Salat anrichten. Mit Erdnüssen und Röstzwiebeln bestreuen und mit Kimchi-Mayonaise servieren.

TIPP:

Die gebrauchte Planke kann mehrmals verwendet werden. Dazu das Brett nach dem Grillen mit einer Bürste grob vorreinigen und dann mit grobem Salz abreiben. Danach vollständig trocknen lassen.

1. Die Holzplanke in ein tiefes mit Wasser gefülltes Backblech legen, mit einer schweren Schüssel beschweren und mindestens 1 Stunde einweichen lassen.

2. Die gewässerte Holzplanke ankokeln lassen, wenden und das Fischfilet auf dieser Seite fertig garen.

Marinierte Scampispieße mit Gurkensalat

ZUTATEN:

Für die Spieße:
* 16 Scampi oder 16 große Garnelen (jeweils küchenfertig)
* Öl für den Grillrost

Für die Marinade:
* 2 Knoblauchzehen
* 3 cm frischer Ingwer
* 1 rote Peperoni
* 2 Stängel Zitronengras
* 50 ml Pflaumenwein
* 40 ml Sojasauce
* 1 EL Rohrzucker
* Saft und Abrieb von 1 Bio-Limette

Für den Salat:
* 1 Salatgurke
* 2 rote Peperoni
* 6 Stiele Koriander
* 1 TL brauner Zucker
* 4 EL Reisweinessig
* grobes Salz
* 3 EL Sojaöl
* 100 g Edamame (grüne Sojabohnen, aus dem Asienladen, aufgetaut)
* 200 g Bambusstreifen (aus der Dose, abgetropft)

Außerdem:
* 2 Schalen Kresse (z.B. Gartenkresse, Shisokresse)

FLEISCHSCHNITT:
Scampi oder Garnelen, küchenfertig

ZUBEHÖR:
Grill mit Deckel, 16 gewässerte Holzspieße

ZUBEREITUNG:

1 Für die Spieße die Scampi oder Garnelen abbrausen und abtropfen lassen.

2 Für die Marinade Knoblauch und Ingwer schälen. Peperoni längs halbieren, entkernen und waschen. Vom Zitronengras die äußeren drei bis vier harten Blätter entfernen und das Innere klein schneiden. Alles mit den restlichen Zutaten in einem Mixer fein pürieren. Die Scampi dicht nebeneinander in eine Schale legen, mit der Mariande übergießen und zugedeckt bei Zimmertemperatur mindestens **30 bis 60 Minuten** marinieren.

3 Den Grill mit geschlossenem Deckel **auf etwa 200 °C** für direktes Grillen vorheizen.

4 Für den Salat die Gurke schälen und mit dem Sparschäler der Länge nach in Streifen schneiden. Die Peperoni längs halbieren, entkernen, waschen und in feine Würfel schneiden. Den Koriander waschen und trocken schütteln, die Blätter abzupfen und beiseitelegen. Zucker, Essig und ½ TL Salz mischen und das Öl unterrühren. Die Gurkenstreifen, die Peperoni, die Edamame und die Bambusstreifen in einer Schüssel mit der Sauce mischen.

5 Die Scampi aus der Marinade nehmen und abtupfen. Anschließend der Länge nach auf die gewässerten Holzspieße stecken. Die Scampi bei direkter Hitze mit geschlossenem Deckel auf jeder Seite **1 bis 2 Minuten** grillen.

6 Den Koriander unter den Salat mischen und den Salat mittig auf vier Teller verteilen. Je 4 Spieße darauf anrichten und mit Kresse bestreut servieren.

TIPP:

Garnelen werden häufig fälschlicherweise als Scampi bezeichnet. Scampi haben aber eine andere Form und außerdem besitzen sie Scheren. Man bekommt sie auch unter dem Namen Kaisergranat.

Vegetarisch & Vegan

Gegrillte Salatherzen mit Trüffelbrioche

ZUTATEN:

Für das Dressing:

* 1 kleine Knoblauchzehe
* 150 g Mayonnaise
* 80 ml Gemüsebrühe
* 1 TL Dijon-Senf
* 1 TL Worcestershiresauce
* 1 EL Zitronensaft
* 4 EL Maiskeimöl
* 80 g frisch geriebener Parmesan
* Salz
* Pfeffer aus der Mühle

Außerdem:

* 4 Romanasalatherzen (à 250 g)
* Maiskeimöl zum Beträufeln
* 150 g Cocktailtomaten
* 4 Scheiben Brioche oder Hefezopf (à 125 g)
* 40 g Trüffelbutter
* Salz
* 50 g Parmesan

ZUBEREITUNG:

1 Den Grill mit geschlossenem Deckel auf **200 bis 220 °C** für direktes Grillen vorheizen. Für das Dressing alle Zutaten in einen hohen Rührbecher füllen und mit einem Stabmixer gut durchmixen. Mit Salz und Pfeffer würzen.

2 Die Salatherzen waschen und trocken tupfen, der Länge nach halbieren und mit etwas Öl beträufeln. Die Tomaten waschen und abtrocknen. Beides bei direkter Hitze **1 bis 2 Minuten** grillen und beiseitestellen. Die Briochescheiben ebenfalls bei direkter Hitze **1 bis 2 Minuten** goldbraun rösten. Vom Grill nehmen, mit etwas Trüffelbutter bestreichen und salzen.

3 Die Salatherzen und die Tomaten mit den Trüffelbrioche und dem Dressing anrichten. Mit einem Sparschäler Parmesan darüberhobeln und servieren.

TIPP:

Als Nicht-Vegetarier können Sie knusprig gegrillten Räucherspeck oder gegrillte Hähnchenbrust dazu servieren.

Gegrillter Brotsalat mit Burrata

ZUTATEN:

Für den Salat:
* 500 g Ciabatta (italienisches Weißbrot)
* 4 Zweige Rosmarin
* 2 Knoblauchzehen
* 100 ml Olivenöl
* 2 rote Zwiebeln
* 1 Aubergine
* 2 kleine Zucchini
* 1 gelbe Paprikaschote
* 200 g Cocktailtomaten
* Salz
* Zucker

Für das Dressing:
* 80 ml Aceto balsamico
* 50 ml Gemüsebrühe
* 1 EL Honig
* 120 ml Olivenöl
* Salz
* Pfeffer aus der Mühle

Außerdem:
* 1 Bund Basilikum
* 4 Burrata (à 125 g; cremig gefüllter Mozzarella)

ZUBEHÖR:
Pinsel

ZUBEREITUNG:

1 Den Grill mit geschlossenem Deckel auf **220° C bis 240° C** für direktes Grillen vorheizen.

2 Das Brot in 2 cm dicke Scheiben schneiden. Rosmarin waschen, trocken schütteln und die Nadeln von den Zweigen streifen. Knoblauch schälen und mit dem Rosmarin fein hacken. Beides mit dem Olivenöl verrühren.

3 Die Zwiebeln schälen und achteln. Aubergine und Zucchini waschen, putzen und längs in 1 cm dicke Scheiben schneiden. Die Paprika längs halbieren, entkernen, waschen, vierteln und flach drücken. Die Tomaten waschen und trocken tupfen. Das Gemüse mit etwas Salz und Zucker bestreuen und **30 bis 45 Minuten** ziehen lassen. Mit Küchenpapier trocken tupfen. Brotscheiben und Gemüse mit Rosmarinöl einpinseln.

4 Erst die Brotscheiben und dann das Gemüse bei direkter Hitze mit geschlossenem Deckel unter mehrmaligem Wenden je **4 bis 5 Minuten** grillen. Die Cocktailtomaten nur **1 Minute** grillen.

5 In einer Schüssel die Zutaten für das Dressing verrühren. Basilikum waschen, trocken schütteln und grob zerzupfen. Brot und Gemüse in mundgerechte Stücke schneiden und auf Teller verteilen. Mit Burrata anrichten, mit dem Dressing beträufeln, Basilikum aufstreuen und mit Pfeffer würzen.

TIPP:

Nach Belieben können Sie auch noch Oliven, getrocknete Tomaten oder Parmesanspäne mit in den Salat geben.

Crunchy Mac & Cheese

4 Port. | 25 Min. | 15 Min.

ZUTATEN:

Für die Sauce: 60 g Butter | 30 g Mehl | 400 ml Milch | 200 g Sahne | 1 TL gemahlener Senf | 1 TL geräuchertes Paprikapulver | 1 TL Worcestershire-sauce | Salz | Pfeffer aus der Mühle

Außerdem: 200 g geriebener Cheddar | 200 g geriebener Emmentaler | 500 g Hörnchennudeln | 40 g Butter | 60 g Panko oder Semmelbrösel

ZUBEHÖR:

Gusseisenpfanne oder Auflaufform

ZUBEREITUNG:

1 Für die Sauce die Butter in einem Topf erhitzen und das Mehl **1 bis 2 Minuten** darin anschwitzen. Milch und Sahne aufkochen und unter die Mehlschwitze rühren. Die restlichen Zutaten dazugeben und bei kleiner Hitze **10 Minuten** köcheln lassen. Beide Käsesorten unterrühren und mit Salz und Pfeffer würzen.

2 Den Backofen auf **200 °C** Grillfunktion vorheizen. Die Hörnchennudeln nach Packungsanweisung bissfest garen und abgießen. Unter die Käsesauce mischen. Den Mix in eine Auflaufform füllen. Die Butter zerlassen und mit dem Panko mischen. Auf den Käsenudeln verteilen und im heißen Ofen (unten) **10 bis 15 Minuten** goldbraun überbacken. Dazu schmeckt Salat.

Gegrillter grüner Spargel

ZUTATEN:

4 kleine rote Zwiebeln | 4 kleine weiße Zwiebeln | Salz | Zucker | 1 kg grüner Spargel | Pfeffer aus der Mühle

Für den Dip: 250 g Mayonnaise | 2 EL Sauerrahm | 2 TL Honig | 1 EL Zitronensaft | 1 TL Tabsaco | 1 TL Chiliflocken | Salz | Pfeffer aus der Mühle

Außerdem: Maiskeimöl zum Einpinseln

ZUBEHÖR:

Pinsel

ZUBEREITUNG:

1   Den Grill mit geschlossenem Deckel auf **200 bis 220 °C** für direktes und indirektes Grillen vorheizen. Die Zwiebeln mit Schale längs halbieren. Auf der Schnittfläche mit Öl einpinseln und mit Salz und Zucker bestreuen. Den Spargel waschen und trocken tupfen. Die Enden abschneiden und die Stangen im unteren Drittel schälen. Mit etwas Öl einpinseln und mit Salz und Pfeffer würzen.

2   Die Zwiebeln auf der Schnittfläche bei direkter Hitze mit geschlossenem Deckel **4 bis 5 Minuten** karamellisieren. Dann mit der Schnittfläche nach oben indirekt **20 bis 25 Minuten** weitergrillen. Den Spargel bei direkter Hitze von allen Seiten **4 bis 5 Minuten** grillen. Für den Dip alle Zutaten miteinander verrühren.

Gefüllte Kartoffelschalen mit Frühlingszwiebeln

ZUTATEN:

* 4 große Backkartoffeln (à 300–350 g)
* 3 Frühlingszwiebeln
* 150 g Schmand
* 150 g geriebener Cheddar oder Emmentaler
* 2 EL zerlassene Butter
* frisch geriebene Muskatnuss
* Salz
* Pfeffer aus der Mühle

Außerdem:
* 50 g Paprika-Kartoffelchips

ZUBEHÖR:
1 Handvoll Räucherchips

ZUBEREITUNG:

1   Den Grill mit geschlossenem Deckel auf **220°C bis 240°C** für indirektes Grillen vorheizen. Die Räucherchips mindestens **1 Stunde** in Wasser einweichen. Die Kartoffeln waschen, abbürsten und in kochendem Salzwasser **40 bis 45 Minuten** weich kochen. Die Frühlingszwiebeln waschen, putzen und in feine Ringe schneiden.

2   Die Kartoffeln abgießen und der Länge nach halbieren. Mit einem Löffel das Innere herauskratzen, einen 0,5 cm dicken Rand stehen lassen. Das Kartoffelinnere in einer Schüssel zerdrücken, mit den restlichen Zutaten mischen und mit 2 Prisen Muskat, Salz und Pfeffer würzen. Die Kartoffelmasse gleichmäßig in die Kartoffelhälften zurückfüllen. Die Kartoffelchips zerbröseln.

3   Die Räucherchips abtropfen lassen und auf die Grillkohle oder angezündet in eine Räucherbox für den Gasgrill geben. Die Kartoffelschalen bei indirekter Hitze mit geschlossenem Deckel **15 bis 20 Minuten** grillen. Die zerbröselten Kartoffelchips aufstreuen und servieren.

TIPP:

Das Rezept kann auch im Backofen bei 200°C zubereitet werden. Die Backzeit beträgt dann etwa 15 Minuten.

1. Die gegarten Kartoffeln längs halbieren und das Innere bis auf einen 0,5 cm dicken Rand aushöhlen.

2. Die vorbereitete Füllung gleichmäßig auf die Kartoffelschalen verteilen.

Pizza mit dreierlei Käse, Kapern und Rucola

ZUTATEN:

* ½ Würfel frische Hefe oder 1 Päckchen Trockenhefe
* 1 EL Zucker
* 500 g Pizzamehl (Type 00 oder Type 550)
* 2 TL feines Meersalz
* 3 EL Olivenöl

Für die Sauce:
* 2 Knoblauchzehen
* 400 g stückige Tomaten (San Marzano; aus der Dose)
* 2 EL Tomatenmark
* 2 EL Olivenöl
* Salz
* Pfeffer aus der Mühle

Für den Belag:
* 40 g kleine Kapern (aus dem Glas)
* 250 g Scarmorza (geräucherter Mozzarella)
* 100 g Ricotta
* 50 g geriebener Parmesan
* 1 Handvoll Basilikumblätter
* 1 Handvoll Rucola

Außerdem:
* Mehl zum Arbeiten
* Tabsaco Chipotle

ZUBEHÖR:
Nudelholz, Pizzastein, Pizzaheber oder ein Metalltortenboden

Den Pizzateig am besten schon am Vorabend zubereiten: Das spart Zeit und die Hefe kann sich im Teig besser entfalten.

ZUBEREITUNG:

1 Für den Teig 320 ml warmes Wasser, Hefe und Zucker verrühren. Mit den restlichen Zutaten in einer Küchenmaschine **6 bis 8 Minuten** zu einem glatten Teig kneten und abgedeckt an einem warmen Ort **30 Minuten** gehen lassen. Den Teig halbieren, zu Kugeln formen und jeweils in einer leicht geölten Kunststoffbox über Nacht in den Kühlschrank stellen. Den Teig **2 Stunden** vor dem Backen herausnehmen und an einen warmen Ort stellen.

2 Den Grill mitsamt Pizzastein mit geschlossenem Deckel auf **260 bis 280 °C** für indirektes Grillen **30 bis 40 Minuten** vorheizen. Den Knoblauch schälen, fein hacken und gründlich mit den stückigen Tomaten, Tomatenmark und Olivenöl verrühren. Mit Salz und Pfeffer würzen.

3 Auf einer bemehlten Arbeitsfläche beide Teigportionen auf ca. 40 cm ausrollen und auf einen bemehlten Pizzaheber oder Tortenboden legen. Jeweils mit der Hälfte der Sauce bestreichen und mit Kapern belegen. Scarmorza in Scheiben schneiden und zusammen mit dem Ricotta und dem Parmesan auf den Pizzas verteilen. Die Pizzas nacheinander auf den Pizzastein gleiten lassen und mit geschlossenem Deckel **8 bis 10 Minuten** grillen.

4 Basilikum und Rucola waschen, trocken schütteln, grob hacken und nach dem Backen über die Pizzas streuen. Mit etwas Tabsaco beträufelt servieren.

Brokkoli-Steaks mit Joghurt-Tahin

ZUTATEN:

Für das Dressing:
* 2 EL Tahin (Sesampaste)
* 140 g Joghurt
* 2 EL Zitronensaft
* Salz
* Pfeffer aus der Mühle

Für das Gemüse:
* 2 mittelgoße Auberginen
* 2 Brokkoli
* 3 Knoblauchzehen
* 1 EL Fenchelsamen
* 120 ml Maiskeimöl
* 1 EL getrockneter Oregano
* Salz
* Pfeffer aus der Mühle

Außerdem:
* je ½ Bund Petersilie, Dill und Basilikum
* 1 EL Sumach (Gewürzmischung, türkischer Supermarkt)

ZUBEREITUNG:

1 Den Grill mit geschlossenem Deckel auf **200 bis 220 °C** für direkte Hitze vorheizen. Für das Dressing alle Zutaten in einer Schüssel verrühren und mit Salz und Pfeffer würzen. Die Auberginen waschen, abtrocknen, mehrmals mit einer Gabel einstechen und bei direkter Hitze **25 bis 30 Minuten** grillen, bis die Haut schön schwarz ist. Dabei ab und zu wenden. Die Auberginen abgedeckt beiseitestellen.

2 Die Brokkoli waschen und putzen. In 1 cm dicke Scheiben schneiden und auf einem Backblech verteilen. Knoblauch schälen und fein reiben, Fenchelsamen fein hacken. Beides mit Öl und Oregano mischen und die Brokkolischeiben darin marinieren. Mit Salz und Pfeffer würzen. Bei direkter Hitze mit geschlossenem Deckel von jeder Seite jeweils **4 bis 5 Minuten** grillen.

3 Die Kräuter waschen, trocken schütten und hacken. Auberginen häuten, längs halbieren und mit den Brokkoli-Steaks auf Teller verteilen. Mit Dressing, gehackten Kräutern und Sumach bestreut servieren.

TIPP:

Dieses Rezept schmeckt auch mit Blumenkohl oder mit einer Mischung aus beidem.

Rote-Bete-Steak mit Knuspertopping

ZUTATEN:

Für die Rote Bete:
* je 4 rote und gelbe Beten (à 220 g)
* 2 EL Maiskeimöl
* Salz

Für das Topping:
* 100 ml Pflanzenöl
* 2 Zweige Rosmarin
* 50 g Panko (asiatische Semmelbrösel)
* 50 g Röstzwiebeln
* Salz

Für die Glasur:
* 5 g Ingwer
* 250 ml naturtrüber Apfelsaft
* 1 EL Ahornsirup
* Salz

Außerdem:
* 1–2 EL Classic BBQ-Rub (s. Seite 302)

ZUBEHÖR:

Pinsel, Grillzange

ZUBEREITUNG:

1 Am Vortag den Backofen auf **160 °C** vorheizen. Die Beten waschen, trocken tupfen, mit etwas Öl einpinseln und mit Salz bestreuen. Auf ein Backblech legen und im Ofen (Mitte) **60 bis 90 Minuten** garen, bis sie weich sind.

2 Den Grill mit geschlossenem Deckel auf **220 bis 240 °C** für direktes Grillen vorheizen. Für das Topping das Öl auf **175 °C** erhitzen. Die Rosmarinzweige waschen, trocken schütteln und **20 Sekunden** knusprig frittieren. Auf Küchenpapier entfetten. Die Nadeln abzupfen und fein hacken. Das Panko ebenfalls **30 Sekunden** im Öl goldbraun frittieren und in ein Sieb abgießen. Auf Küchenpapier entfetten. Panko, Rosmarin und Röstzwiebeln mischen und mit etwas Salz würzen.

3 Für die Glasur den Ingwer schälen und fein reiben. Mit Apfelsaft, Ahornsirup und 1 Prise Salz in einem kleinen Topf zum Kochen bringen und sirupartig einkochen lassen.

4 Die Beten schälen. Jeweils die beiden Enden jeder Bete gerade abschneiden, damit man eine schöne Grillfläche bekommt. Die Bete-Steaks mit etwas Öl einpinseln und mit dem Rub bestreuen. Bei direkter Hitze mit geschlossenem Deckel von beiden Seiten jeweils **3 bis 4 Minuten** grillen, sodass ein schönes Grillmuster entsteht. Zum Schluss mit der Glasur einpinseln und vom Grill nehmen. Die Bete-Steaks mit Topping bestreuen und mit der restlichen Glasur servieren.

TIPP:

Dazu passen gekochte junge kleine Kartoffeln und vegane Estragon-Meerrettich-Butter (s. Seite 293).

BBQ-Blumenkohl mit Chopped Salad

ZUTATEN:

* 1 Blumenkohl (ca. 1–1,2 kg)
* 2 Knoblauchzehen
* 70 g Sojamargarine
* 1 EL Agavendicksaft
* ½ TL gemahlener Kreuzkümmel
* 1 TL geräuchertes Paprikapulver
* Salz
* Pfeffer aus der Mühle

Für den Salat:
* 1 Romana- oder Eisbergsalat
* 2 Tomaten
* ½ Gurke
* 2 Stangen Staudensellerie
* 1 kleine rote Zwiebel
* 1 gelbe Paprikaschote
* 2 EL Weißweinessig
* 2 EL süßer Senf
* 4 EL Olivenöl

Außerdem:
* 1 EL Zitronensaft
* Tahin (Sesampaste)
* 30 g Mandelblättchen
* Chimichurri (s. Seite 294)

ZUBEHÖR:
Grillschale 25 x 20 cm, Pinsel

Meistens im Ofen zubereitet und mit diversen Toppings garniert ist dieses vegane Gericht ein echtes Highlight und ein Klassiker der israelischen Küche.

ZUBEREITUNG:

1 Den Grill mit geschlossenem Deckel auf etwa **220 bis 240 °C** für indirektes Grillen oder den Smoker auf **140 °C** vorheizen.

2 Den Blumenkohl waschen und mit Strunk und Blättern in kochendem Salzwasser **5 bis 6 Minuten** bissfest garen. Unter kaltem Wasser abschrecken und trocken tupfen. Den Knoblauch schälen und fein hacken. Margarine mit Knoblauch, Agavendicksaft, Kreuzkümmel und Paprikapulver verrühren und mit Salz und Pfeffer würzen. Blumenkohl in die Grillschale geben und mit der Gewürzmargarine einstreichen.

3 Für den Salat das Gemüse waschen und putzen, je nach Sorte Strunk bzw. Stielansätze und Kerne entfernen. Alles mit einem großen Messer oder mit der Küchenmaschine in 1 cm große Stücke hacken. Aus Essig, Senf und Olivenöl ein Dressing anrühren und unter den Salat mischen.

4 Den Blumenkohl bei indirekter Hitze mit geschlossenem Deckel **30 bis 40 Minuten** oder im Smoker **60 bis 90 Minuten** grillen. Tahin mit Zitronensaft und 2 bis 3 EL Wasser verrühren und mit Salz würzen. Mandelblättchen in einer Pfanne ohne Fett anrösten, bis sie duften. Den Tahin-Mix über den Blumenkohl träufeln, die Mandelblättchen aufstreuen. Mit Salat und Chimichurri servieren.

BBQ-Auberginen

ZUTATEN:

Für die Auberginen:

* 4 Auberginen (à 300–400 g)
* Salz
* 4 EL Maiskeimöl
* 200 ml Hawaii BBQ-Sauce (s. Seite 296)

Außerdem:

* 2 Bio-Limetten
* 100 g geröstete gesalzene Erdnüsse
* je ½ Bund Koriander und Thaibasilikum

ZUBEHÖR:

Grillschale, 1–2 Handvoll Räucherchips, Grillzange

Dieses Gericht wird auch Nicht-Veganer begeistern. Die ganze gegrillte Aubergine hat eine fleischähnliche Textur, die mit gegrillten Pilzen vergleichbar ist.

ZUBEREITUNG:

1 Den Grill mit geschlossenem Deckel auf **240 °C** für direktes und indirektes Grillen oder den Smoker auf **120 bis 140 °C** vorheizen. Die Räucherchips mindestens **1 Stunde** in Wasser einweichen.

2 Die Auberginen waschen, abtrocknen, schälen und mehrmals mit einer Gabel einstechen, rundherum mit etwas Salz würzen und **30 bis 40 Minuten** ruhen lassen. Mit Küchenpapier trocken tupfen und mit dem Öl einpinseln.

3 Die Limetten heiß abwaschen, trocken reiben und halbieren. Die Erdnüsse grob hacken. Koriander und Thaibasilikum waschen, trocken schütteln und die abgezupften Blätter grob hacken.

4 Die Räucherchips abtropfen lassen und auf die Grillkohle oder angezündet in eine Räucherbox für den Gasgrill geben. Die Auberginen erst bei direkter Hitze von allen Seiten jeweils **2 bis 3 Minuten** angrillen, bis sie schön gebräunt sind, dann in eine Grillschale legen.

5 Die Temperatur auf **160 °C** reduzieren und die Auberginen mit geschlossenem Deckel bei indirekter Hitze **25 bis 30 Minuten** oder im Smoker **60 bis 80 Minuten** zu Ende garen. Die BBQ-Sauce mit etwas Wasser verdünnen und auf dem Grill bei indirekter Hitze erwärmen. Auberginen während des Grillvorgangs zwei- bis dreimal mit BBQ-Sauce einpinseln.

6 Die Auberginen mit Kräutern und Erdnüssen bestreuen und mit der restlichen BBQ-Sauce und den Limettenhälften servieren.

TIPP:

Anstelle der Hawaii BBQ-Sauce können Sie auch die Umami-Glasur (s. Seite 301) verwenden.

Schawarma vom Knollensellerie

ZUTATEN:

* 2 Sellerie (à 900 g)
* Salz
* Zucker
* 4 EL Maiskeimöl
* 300 ml Umami-Glasur (s. Seite 301)

Für den Salat:

* 4 Tomaten
* 2 weiße Zwiebeln
* Salz
* Zucker
* 1 TL Sumach (Gewürzmischung, türkischer Supermarkt)
* 1 Bund Koriander oder Petersilie

Außerdem:

* gesalzene Rauchmandeln

ZUBEHÖR:

4–8 Grillspieße je nach Größe, Pinsel, Grillschale 28 x 25 cm

ZUBEREITUNG:

1 Den Grill mit geschlossenem Deckel auf **220°C bis 240°C** für direktes Grillen vorheizen. Den Sellerie schälen und in 0,5 cm dicke Scheiben schneiden. Mit etwas Salz und Zucker würzen und 30 Minuten ziehen lassen. Trocken tupfen und mit etwas Öl einpinseln. Die Scheiben mit geschlossenem Deckel bei direkter Hitze von beiden Seiten jeweils **4 bis 5 Minuten** grillen. Selleriescheiben vom Grill nehmen, in 4 cm große Stücke schneiden und auf die Grillspieße stecken.

2 Die Tomaten waschen, abtrocknen und die Stielansätze entfernen. Die Tomaten grob hacken. Die Zwiebeln schälen und in feine Ringe hobeln oder schneiden. Mit etwas Salz, Zucker und Sumach marinieren. Die Kräuter waschen, trocken schütteln, die Blättchen abzupfen und grob hacken. Unter den Tomatensalat mischen.

3 Die Hitze auf **180 bis 200°C** reduzieren. Die Sellerie-Spieße in der Grillschale mit geschlossenem Deckel bei indirekter Hitze **25 bis 30 Minuten** zu Ende garen. Die Umami-Glasur in einem Topf bei indirekter Hitze erwärmen und die Spieße während des Grillvorgangs zwei- bis dreimal damit einpinseln.

4 Die Spieße mit Salat, grob gehackten Rauchmandeln und etwas Glasur beträufelt servieren.

TIPP:
Dazu passt Flatbread (s. Seite 252).

BBQ Pulled Jackfruit Burger

ZUTATEN:

* 1 weiße Zwiebel
* 800 kg Jackfruit (frische Segmente oder in Salzlake aus der Dose)
* 2–3 TL Texas-Chili-Rub (s. Seite 302)
* 2 EL Maiskeimöl
* 200 ml Classic BBQ-Sauce (s. Seite 295)

Für den Dip:

* 1 Avocado
* 1 Handvoll Basilikumblätter
* 2–3 Scheiben Jalapeños (aus dem Glas)
* 1 EL Limettensaft
* Salz
* Pfeffer aus der Mühle

Außerdem:

* ½ Eisbergsalat
* 1 große Fleischtomate
* 4 vegane Burger Buns
* Sojamargarine zum Bestreichen
* 50 g Röstzwiebeln

ZUBEHÖR:

Grillschale, 1–2 Hand voll Räucherchips

ZUBEREITUNG:

1 Den Grill mit geschlossenem Deckel auf **160 °C** für indirektes Grillen oder den Smoker auf **120 °C** vorheizen. Die Räucherchips mindestens **1 Stunde** in Wasser einweichen.

2 Die Zwiebel schälen, halbieren und in dünne Streifen schneiden. Die Jackfruitsegmente mit den Zwiebelstreifen in die Grillschale geben. Mit dem Rub würzen und in etwas Öl marinieren.

3 Die Räucherchips abtropfen lassen und auf die Grillkohle oder angezündet in eine Räucherbox für den Gasgrill geben. Die Hitze auf **140 °C** reduzieren. Die Jackfruit mit geschlossenem Deckel bei indirekter Hitze **40 bis 50 Minuten** oder im Smoker **60 Minuten** garen. **Nach 25 Minuten** die BBQ-Sauce und 3 bis 4 EL Wasser dazugeben. Das Fruchtfleisch mit zwei Gabeln grob zerzupfen, abdecken und warm stellen. Die Grilltemperatur auf **220 bis 240 °C** erhöhen.

4 Die Avocado halbieren, entkernen und das Fruchtfleisch mit einem Löffel herauslösen. Mit den restlichen Zutaten in einen hohen Rührbecher geben und mit dem Stabmixer fein pürieren. Mit Salz und Pfeffer würzen.

5 Den Salat waschen, trocken schleudern und in feine Streifen schneiden. Die Tomate waschen, abtrocknen und in Scheiben schneiden, dabei Stielansatz entfernen.

6 Die Buns halbieren, jeweils mit etwas Sojamargarine bestreichen und bei direkter Hitze auf den Schnittflächen **etwa 1 Minute** goldbraun anrösten. Die Unterseite der Buns mit Salat und Tomatenscheiben belegen. Darauf jeweils etwas Pulled Jackfruit, Dip und ein paar Röstzwiebeln platzieren. Mit der restlichen BBQ-Sauce und den angelegten Deckeln servieren.

TIPP:

Nach Belieben können Sie auch einen der Cole Slaws (s. Seite 236), in Essig marinierte rote Zwiebeln oder frische Kräuter in den Burger schichten.

1. Am besten kauft man fertig abgepackte Jackfruit-Segmente, z. B. im Asiamarkt. So spart man sich das Schälen.

2. Das gegarte Fruchtfleisch der Jackfruit mit zwei Gabeln grob zerzupfen.

Lauchspieße mit würziger Erdnusssauce

ZUTATEN:

* 2–3 Stangen Lauch (nicht zu dick)
* 1–2 EL Maiskeimöl
* Salz
* Zucker

Für die Sauce:
* 10 g Ingwer
* 1 Knoblauchzehe
* 2 EL Erdnussöl
* 1 TL rote Currypaste
* 1 Dose Kokosmilch (400 g)
* 2–3 EL cremige Erdnussbutter
* 1–2 EL Sojasauce
* Zucker

Für die Flakes:
* 40 g Cornflakes (ungesüßt)
* Salz
* Currypulver
* ½ Bund Koriander

Außerdem:
* 2 Bio-Limetten

ZUBEHÖR:
Grillspieße

ZUBEREITUNG:

1 Den Grill mit geschlossenem Deckel auf **180 bis 200 °C** für direktes und indirektes Grillen vorheizen. Die äußeren Blätter der Lauchstangen entfernen. Den Lauch waschen, putzen und in 3 bis 4 cm große Stücke schneiden. Auf die Grillspieße stecken und mit etwas Öl einpinseln. Mit Salz und Zucker würzen.

2 Den Ingwer und den Knoblauch schälen und fein reiben. Das Öl in einem Topf erhitzen und beides darin anbraten. Die Currypaste dazugeben und mitbraten. Kokosmilch, Erdnussbutter und Sojasauce dazugeben. Mit etwas Zucker würzen.

3 Die Spieße mit geschlossenem Deckel bei direkter Hitze von allen Seiten **2 bis 3 Minuten** grillen. Danach mit geschlossenem Deckel bei indirekter Hitze **10 Minuten** zu Ende grillen.

4 Die Cornflakes grob zerkleinern und mit Salz und etwas Currypulver würzen. Koriander waschen und trocken schütteln. Grob hacken und mit den Flakes mischen. Die Limetten heiß abwaschen, trocken reiben und in Spalten schneiden. Die Spieße mit den Limettenspalten, der Sauce und den Knusperflakes servieren.

Gegrillte Halloumisticks

ZUTATEN:

Für den Hummus:

* 2 Dosen Kichererbsen (à 400 g)
* 1 Knoblauchzehe
* 2 EL Tahin (Sesampaste)
* 2 EL Zitronensaft
* 3 EL Maiskeimöl
* ½ TL gemahlener Kreuzkümmel
* Salz
* Pfeffer aus der Mühle

Außerdem:

* 1 Bio-Zitrone
* 1 Bund Minze
* 400 g Halloumi (zypriotischer Grillkäse)
* 1–2 EL Maiskeimöl
* 50 g Backerbsen
* Olivenöl
* Chiliflocken

ZUBEHÖR:

Gusseisenpfanne

ZUBEREITUNG:

1 Den Grill mit geschlossenem Deckel auf **230 bis 250 °C** für direktes Grillen vorheizen.

2 Für den Hummus die Kichererbsen in ein Sieb abgießen, kalt abspülen und abtropfen lassen. Den Knoblauch schälen. Beides mit den restlichen Hummus-Zutaten in einen Blitzhacker füllen und fein pürieren. Eventuell etwas Wasser dazugeben, sollte der Hummus zu fest sein. Mit Salz und Pfeffer würzen.

3 Die Zitrone heiß abwaschen, trocken reiben und in Spalten schneiden. Die Minze waschen, trocken schütteln, die Blätter abzupfen und grob hacken.

4 Den Halloumi trocken tupfen, in 1,5 cm dicke Stäbchen schneiden und mit etwas Öl einreiben. Die Streifen direkt auf dem Grillrost von allen Seiten **2 bis 3 Minuten** goldbraun grillen.

5 Den Hummus auf Teller verteilen und mit Halloumisticks, Backerbsen, Minze, Zitronenspalten, etwas Olivenöl und mit Chiliflocken bestreut servieren.

TIPP:

*Besonders fluffig wird der Hummus, wenn man zusätzlich
1 Handvoll Crushed Ice mit in den Mixer gibt.*

Beilagen

Smokey Kürbis mit Bourbon-Glasur

ZUTATEN:

* 2 Butternutkürbisse (à 1 kg)
* 2 EL Maiskeimöl
* 2–3 TL Classic BBQ-Rub (s. Seite 302)
* 200 ml Bourbon-Apfel-Glasur (s. Seite 300)

Außerdem:

* 2 EL geröstete Kürbiskerne
* 2 Schalen Gartenkresse
* 2 EL Röstzwiebeln

ZUBEHÖR:

1–2 Handvoll Räucherchips, Grillschale
ca. 32 x 28 cm, Pinsel

ZUBEREITUNG:

1 Den Grill mit geschlossenem Deckel auf **160 °C** für indirektes Grillen oder den Smoker auf **140 °C** vorheizen und die Räucherchips mindestens **1 Stunde** in Wasser einweichen.

2 Die Kürbisse längs halbieren, Kerne und Fasern mit einem Löffel herauskratzen. Mit der Schnittkante nach unten auf die Arbeitsfläche legen und an beide Längsseiten je 1 Essstäbchen anlegen. Mit einem Messer im Abstand von 0,5 cm bis auf die Stäbchen einschneiden. Mit der Schnittkante nach unten in die Grillschale legen. Leicht einölen und mit dem Rub bestreuen.

3 Die Räucherchips abtropfen lassen und auf die Grillkohle oder angezündet in eine Räucherbox für den Gasgrill legen. Die Kürbishälften mit geschlossenem Deckel bei indirekter Hitze **50 bis 60 Minuten** oder im Smoker **1 Stunde 30 Minuten bis 2 Stunden** garen. **15 Minuten** vor Ende der Garzeit die Hälften zwei- bis dreimal mit der Glasur einpinseln. Die Kürbiskerne grob hacken. Die Kresse vom Beet schneiden. Die Kürbisse mit den Kürbiskernen, den Röstzwiebeln und der Kresse bestreut servieren.

TIPP:

Funktioniert auch im Backofen bei 200 °C. Kürbisse im Ofen (Mitte) 50 bis 60 Minuten backen. Wenn Sie dieses Rezept für Kinder zubereiten, können Sie den Whiskey in der Glasur einfach weglassen.

New Style Cole Slaw

Ruby Red

Zutaten: 2 EL Preiselbeeren (aus dem Glas) | 1 EL mittelscharfer Senf | 60 ml Apfelessig | 80 ml Maiskeimöl | 1 kg Rotkohl | Salz | Zucker | 2 Möhren | 2 Frühlingszwiebeln | Pfeffer aus der Mühle

Für die Marinade Preiselbeeren, Senf, Essig und Öl verrühren und beiseitestelle. Den Kohl waschen, putzen und in feine Streifen hobeln oder schneiden. Mit etwas Salz und Zucker würzen und 20 Minuten ziehen lassen. Möhren waschen, schälen, raspeln oder in feine Streifen schneiden. Frühlingszwiebeln waschen, putzen und in feine Ringe schneiden. Kurz vor dem Servieren alle Zutaten miteinander mischen und mit Pfeffer würzen.

Cole Slaw ist die BBQ-Beilage in den USA. Bei uns ähnelt er dem Krautsalat, der meist mit Essig und Öl mariniert ist. Die amerikanische Variante wird eher mit einer Mayonnaise angemacht.

Apfel-Fenchel

Zutaten: 2 Fenchelknollen | 2 Äpfel (Granny Smith) | 2 Frühlingszwiebeln | 1 Zitrone | 2–3 EL Olivenöl | 1 EL Apfeldicksaft oder Honig | Salz | Pfeffer aus der Mühle

Den Fenchel waschen, putzen und in dünne Scheiben hobeln. Äpfel waschen, vierteln, entkernen und in feine Scheiben hobeln. Die Zitrone halbieren und auspressen. Frühlingszwiebeln waschen, putzen und in feine Ringe schneiden. Alles mit den restlichen Zutaten marinieren und mit Salz und Pfeffer würzen.

Bacon-Chipotle

Zutaten: 1 kg Weißkohl | Salz | Zucker | 200 g Räucherspeck (Bacon; in Scheiben) | 80 g Ananas (aus der Dose) | 2 Frühlingszwiebeln | 300 g Mayonnaise | 100 g Sauerrahm | 50 ml Apfelessig | 1 EL Tabasco Chipotle | Pfeffer aus der Mühle

Den Kohl waschen, putzen, halbieren und den Strunk herausschneiden. Den Kohl in feine Streifen hobeln und mit je 1 EL Salz und Zucker 1 Minute kneten. 1 Stunde ziehen lassen. Den Räucherspeck knusprig braten und in grobe Stücke schneiden. Ananas abtropfen lassen und fein hacken. Frühlingszwiebeln waschen, putzen und in feine Ringe schneiden. Die Flüssigkeit aus dem Kohl drücken. Kohl in eine Schüssel geben und mit den übrigen Zutaten gut mischen. Mit Salz und Pfeffer würzen. Vor dem Servieren 1 Stunde durchziehen lassen.

Mango-Jalapeño

Zutaten: 800g Spitzkohl | 1–2 Jalapeños | ½ Mango | 1 EL Sushi-Ingwer (aus dem Glas) | 1 Bund Koriander | 200 g Mayonnaise | 100 g Sauerrahm | 40 ml Reis oder Weißweinessig | 2 EL Sesamöl | Salz | Pfeffer aus der Mühle

Den Spitzkohl waschen, putzen, halbieren und den Strunk herausschneiden. Spitzkohlhälften in feine Streifen hobeln. Jalapeños waschen, längs halbieren, entkernen und in feine Streifen schneiden. Die Mango schälen und das Fruchtfleisch auf der flachen Seite vom Stein schneiden, würfeln. Ingwer in feine Würfel hacken. Den Koriander waschen, trocken schütteln und mit den Stielen grob hacken. Alle Zutaten gründlich miteinander vermischen und mit Salz und Pfeffer würzen.

237

Karamellisiertes Wurzelgemüse

ZUTATEN:

* 300 g kleine Bundmöhren
* 300 g Sellerie
* 200 g kleine Petersilienwurzeln
* 200 g Schalotten
* Salz
* 4 EL flüssige Butter
* Pfeffer aus der Mühle
* 1 EL Rohrzucker
* 3 Zweige Rosmarin

Außerdem:

* 1 EL Röstzwiebel-Aschesalz (s. Seite 290)

ZUBEHÖR:

Grillkorb für Gemüse, Pinsel, 1–2 Handvoll Räucherchips

ZUBEREITUNG:

1 Den Grill mit geschlossenem Deckel auf **160 °C bis 180 °C** für direktes Grillen vorheizen. Die Räucherchips mindestens **1 Stunde** in Wasser einweichen.

2 Das Gemüse waschen, schälen und in mundgerechte Stücke schneiden. In einem Topf Salzwasser zum Kochen bringen und das Gemüse bis auf die Schalotten **5 bis 6 Minuten** bissfest vorkochen, in ein Sieb abgießen und kalt abschrecken. Trocken tupfen, in einen Grillkorb für Gemüse schütten, mit 1 EL Butter mischen und mit Salz, Pfeffer und Zucker würzen.

3 Den Rosmarin waschen, trocken schütteln, die Nadeln abzupfen, fein hacken und mit der restlichen Butter mischen.

4 Die Räucherchips abtropfen lassen und auf die Grillkohle oder angezündet in eine Räucherbox für den Gasgrill geben. Den Grillkorb auf den Grill stellen und mit geschlossenem Deckel bei direkter Hitze **20 bis 25 Minuten** grillen. Das Gemüse mehrfach wenden und mit der Rosmarinbutter einpinseln. Mit dem Aschesalz zum individuellen Würzen servieren.

TIPP:

Servieren Sie dazu eine erfrischende Sourcream: Sauerrahm gewürzt mit Knoblauch, Frühlingszwiebelringen, Zitronensaft, Cayennepfeffer, Salz und Pfeffer und einem Hauch Honig.

Cheesy Zupfbrot
mit Bacon

ZUTATEN:

* 500 g helles Weizenmischbrot
* 150 g Räucherspeck (Bacon; in Scheiben)
* 80 g Butter
* 1 TL Classic BBQ-Rub (s. Seite 302)
* Pfeffer aus der Mühle
* 125 g geriebener Cheddar
* 150 g geriebener Mozzarella
* 2 Frühlingszwiebeln

Bei jedem Grillfest ein Muss und tausendmal besser als gekaufte Kräuterbaguettes!

ZUBEREITUNG:

1   Den Backofen auf **180 °C** vorheizen. Das Brot alle 2 cm gitterförmig bis knapp auf den Boden einschneiden. So entstehen oben 2 cm große Stücke, während es am Boden noch zusammenhängt.

2   Den Räucherspeck in einer Pfanne knusprig braten, kurz abkühlen lassen und in grobe Stücke brechen. 40 g Bratenfett abgießen. Mit der Butter und dem Rub erwärmen und mit Pfeffer würzen. Die Käsesorten mischen. Die Frühlingszwiebeln waschen, putzen und in feine Ringe schneiden.

3   Zum Füllen den Käse, grobe Stücke vom Räucherspeck und Frühlingszwiebeln in den Brotzwischenräumen verteilen. Die Würzbutter über das Brot und in die Zwischenräume träufeln.

4   Das Brot auf ein mit Backpapier belegtes Backblech legen, mit Alufolie abdecken und im Ofen (Mitte) **15 Minuten** backen. Die Alufolie entfernen. Weitere **15 Minuten** backen und servieren.

TIPP:

Bei der Brotsorte sowie den Zutaten für die Zwischenräume sind der Fantasie keine Grenzen gesetzt. Es ist alles erlaub, was schmeckt und Spaß macht! Kleiner Tipp: Probieren Sie mal Schokolade, Bananen, Marshmallows und Nüsse als süße Variante für die Kids.

1. Das Brot mit einem Sägemesser alle 2 cm gitterförmig ein-, aber nicht durchschneiden.

2. Nach dem Füllen mit Speck, Käse und Frühlingszwiebeln die Würzbutter auf das Brot und in die Zwischenräume träufeln.

Perlen-Couscous mit Apfel, Sellerie und Nüssen

ZUTATEN:

Für den Salat:
* 600 g Sellerie
* 2 EL Maiskeimöl
* Salz
* Zucker
* 200 g Perlen-Couscous (türkischer Supermarkt; alternativ Couscous)
* Gemüsebrühe
* 200 g Staudensellerie
* 1 Apfel (Granny Smith)
* 1 EL Zitronensaft
* 100 g junger Blattspinat
* 50 g Walnusskerne
* 2 EL Apfelessig
* 3 EL Maiskeimöl

Für den Zitronen-Schmand:
* 1 Bio-Zitrone
* 200 g Schmand
* 1 TL Apfeldicksaft oder Honig
* Salz
* Pfeffer aus der Mühle
* Chiliflocken

Außerdem:
* 50 g Röstzwiebeln

ZUBEREITUNG:

1 Den Backofen auf **220°C** vorheizen. Sellerie schälen, achteln und in 3 bis 4 mm dicke Scheiben schneiden. Mit dem Öl marinieren und mit Salz und Zucker würzen. Auf einem Backblech im Ofen (Mitte) **20 bis 25 Minuten** anrösten.

2 Den Couscous nach Packungsanweisung mit Gemüsebrühe zubereiten. Den Staudensellerie waschen, schälen und in feine Scheiben schneiden. Den Apfel entkernen, in feine Würfel schneiden und mit etwas Zitronensaft marinieren. Spinat waschen und trocken schütteln. Die Walnüsse anrösten und grob hacken. Alles zusammen mit den restlichen Zutaten mischen und mit Salz und Pfeffer würzen.

3 Für den Zitronen-Schmand die Zitrone heiß abwaschen und trocken reiben. Die Schale fein abreiben und den Saft auspressen. Beides mit dem Schmand und dem Apfeldicksaft glatt rühren. Mit Salz, Pfeffer und Chiliflocken würzen. Den Couscous mit dem Schmand und den Röstzwiebeln bestreut servieren.

TIPP:

Statt Couscous können Sie für diesen Salat auch gekochten Bulgur, Ebly (Weizenkörner) oder Buchweizen verwenden.

Cheesy Bacon-Onion-Rings

ZUTATEN:

* 4 große Gemüsezwiebeln
* 150 g Käsescheiben (z. B. Cheddar, alter Gouda oder Emmentaler)
* 300 g Räucherspeck (Bacon; in Scheiben)
* 100 ml Classic BBQ-Rub (s. Seite 302)

ZUBEHÖR:

Grillwender

Wer gebackene Zwiebelringe kennt, wird diese Variante lieben. Frei nach dem Motto: Käse und Speck machen alles besser!

ZUBEREITUNG:

1   Den Grill mit geschlossenem Deckel auf **180 °C bis 200 °C** für direktes und indirektes Grillen vorheizen.

2   Die Zwiebeln schälen und vorne und hinten je 1 cm abschneiden. Dann in 2 cm dicke Scheiben schneiden. Die Ringe vorsichtig auseinanderdrücken. Die großen Ringe wieder zusammenstecken und jeweils einen Ring auslassen, damit ein kleiner Abstand dazwischen bleibt. Den Käse in 2 cm dicke Steifen schneiden und in die Zwischenräume der Ringe stecken. Jeden Ring nun dicht mit Speck umwickeln.

3   Die Zwiebelringe erst mit geschlossenem Deckel bei direkter Hitze von beiden Seiten **4 bis 5 Minuten** knusprig grillen. Den Rub in einen kleinen Topf füllen, mit etwas Wasser verdünnen und auf dem Grill bei indirekter Hitze erwärmen.

4   Die Temperatur auf **150 °C bis 160 °C** reduzieren und die Zwiebelringe bei indirekter Hitze weitere **6 bis 8 Minuten** zu Ende grillen. Immer wieder mit BBQ-Rub einpinseln.

TIPP:

Sollte der Grill schon besetzt sein, können Sie die Ringe auch in einer Pfanne auf dem Herd 3 bis 4 Minuten anbraten und im Backofen bei 160 °C etwa 10 Minuten zu Ende garen.

1. *Die Käsestreifen in die Zwischenräume der Zwiebelringe stecken.*

2. *Die mit Käse gefüllten Zwiebelringe mit jeweils 2 Räucherspeckscheiben umwickeln.*

Cremiger Cajun Mais

4 Port. | 10 Min. | 8 Min.

ZUTATEN:

80 g Butter | 2 EL Mehl | 400 ml Milch | 200 g Sahne | 1–2 Jalapeños | 800 g Maiskörner (aus der Dose) | 1 ½ EL Cajun-Rub (s. Seite 302) | 100 g Frischkäse | Salz | Pfeffer aus der Mühle

Außerdem: 2 Frühlingszwiebeln | 50 g Nachos

ZUBEREITUNG:

1 Die Butter in einem Topf erhitzen, das Mehl einrühren und bei mittlerer Hitze **1 bis 2 Minuten** anschwitzen. Milch und Sahne dazugeben und unter Rühren aufkochen.

2 Jalapeños waschen, längs halbieren, entkernen und fein hacken. Mit den Maiskörnern und dem Rub dazugeben und **6 bis 8 Minuten** bei kleiner Hitze köcheln lassen. Zum Schluss den Frischkäse unterrühren und mit Salz und Pfeffer würzen.

3 Die Frühlingszwiebeln waschen, putzen und in feine Ringe schneiden. Die Nachos grob zerbröseln, beides über den Mais streuen und servieren.

TIPP:
Das Trüffelpopcorn eignet sich perfekt als Snack. Einfach die Menge beliebig anpassen.

Petersilienwurzeln mit Popcorn

ZUTATEN:

1,5 kg kleine Petersilienwurzeln (à 8–9 cm lang) | 10 Zweige Thymian | 2 EL zerlassene Butter | 60 g Rohrzucker | 300 ml Prosecco | Salz | Pfeffer aus der Mühle

Für das Popcorn: 1 EL Pflanzenöl | 60g Popcornmais | 1 EL Butter | etwas Trüffelöl | 40 g frisch geriebener Parmesan | Salz

ZUBEREITUNG:

1   Den Backofen auf **200 °C** vorheizen. Die Petersilienwurzeln schälen und längs halbieren. Auf einem tiefen Backblech verteilen. Thymian waschen und trocken schütteln. Mit Butter und Zucker unter die Petersilienwurzeln mischen. Prosecco angießen, salzen und pfeffern. Im Ofen (Mitte) **30 bis 35 Minuten** schmoren. Nach der Hälfte der Garzeit einmal wenden.

2   Das Pflanzenöl in einem Topf mit Deckel erhitzen, den Mais einstreuen und unter regelmäßigem Rütteln aufplatzen lassen. Das fertige Popcorn in eine Schüssel umfüllen. Die restlichen Zutaten dazugeben, durchmischen und leicht salzen. Das Popcorn über die fertigen Petersilienwurzeln geben und servieren.

Buntes Grillgemüse mit jungem Knoblauch

ZUTATEN:

Für das Knoblauchöl:

* 1 junge Knoblauchknolle
* je ½ Bund Rosmarin und Thymian
* 2 rote Peperoni
* 100 ml Öl
* 150 ml Olivenöl

Für das Gemüse:

* 2 grüne Zucchini
* 1 Aubergine
* je 2 rote und gelbe Paprikaschoten
* 250 g Austernpilze
* Salz
* Zucker
* Pfeffer aus der Mühle

Außerdem:

* 50 g zarter Rucola
* 1 kleines Bund Basilikum
* je 100 g grüne und schwarze Oliven (ohne Stein)
* 50 g getrocknete Tomaten (in Öl)
* 100 g Parmesan (am Stück)

ZUBEREITUNG:

1 Den Grill mit geschlossenem Deckel auf **200 bis 220 °C** für direkte Hitze vorheizen. Für das Knoblauchöl die Knoblauchknolle mit der weichen Haut in Scheiben schneiden. Die Kräuter waschen, trocken schütteln und die Nadeln bzw. Blättchen abzupfen. Im Mörser grob zerreiben. Die Peperoni waschen, längs halbieren, entkernen und in Stücke schneiden. Den Knoblauch, die Kräuter und die Peperoni mit beiden Ölsorten in einen Topf geben und auf etwa **50 °C** erhitzen.

2 Für das Grillgemüse die Zucchini und die Aubergine waschen, putzen und in Scheiben schneiden. Die Paprikaschoten längs halbieren, entkernen, waschen und in Viertel schneiden. Die Pilze putzen und falls nötig mit Küchenpapier trocken abreiben. Größere Pilze klein schneiden. Das Gemüse bis auf die Pilze mit etwas Salz und Zucker bestreuen und **30 Minuten** ziehen lassen. Mit Küchenpapier trocken tupfen.

3 Das Gemüse mit Knoblauchöl einpinseln und auf dem Grillrost verteilen. Mit geschlossenem Deckel bei direkter Hitze **8 bis 10 Minuten** grillen, dabei ab und zu wenden. Vom Grill nehmen, mit Salz und Pfeffer würzen und in das Knoblauchöl legen.

4 Rucola und Basilikum waschen und trocken schütteln. Zum Servieren das Gemüse aus dem Öl heben, abtropfen lassen und mit den Oliven, getrockneten Tomaten und Rucola auf einer großen Platte anrichten. Den Parmesan mit dem Sparschäler darüberhobeln. Mit Basilikumblättern garnieren und servieren.

TIPP:

Das Gemüse können Sie schon am Vortag zubereiten, dann kann es schön durchziehen. Das übrige Knoblauchöl können Sie zugedeckt im Kühlschrank aufbewahren und für das nächste Grillgemüse verwenden.

1. Die Kartoffeln jeweils zwischen zwei Essstäbchen platzieren und im Abstand von 2–3 mm bis auf die Stäbchen einschneiden.

2. Die Kartoffeln 1 Stunde in kaltes Wasser legen, damit die Stärke ausgespült wird.

TIPP:

Nach Belieben können Sie 10 Minuten vor Ende der Garzeit in die Zwischenräume noch Stückchen von Käsescheiben und knusprigem Räucherspeck stecken und mitgaren.

Hasselback-Kartoffeln

4 Port. | **20 Min.** | **50 Min.**

ZUTATEN:

Für die Kartoffeln: 16 festkochende Kartoffeln (ca. 8–9 cm lang) | 4 EL Maiskeimöl | Salz | Pfeffer aus der Mühle | 4 Zweige Thymian | 2 EL zerlassene Butter
Außerdem: Trüffel-Mayonnaise (s. Seite 298)

ZUBEHÖR:

2 Essstäbchen, Pinsel

ZUBEREITUNG:

1 Den Backofen auf **200 °C** vorheizen. Kartoffeln gründlich waschen, jeweils zwischen zwei Essstäbchen platzieren und mit einem Messer im Abstand von 2 bis 3 mm bis auf die Stäbchen ein-, aber nicht durchschneiden. **1 Stunde** in kaltes Wasser legen, mit Küchenpapier trocken tupfen und mit Öl einreiben. Mit Salz und Pfeffer würzen. Thymian waschen, trocken schütteln, die Blättchen abzupfen, fein hacken und mit der Butter mischen.

2 Die Kartoffeln auf ein mit Backpapier belegtes Backblech geben und im Backofen (Mitte) **40 bis 50 Minuten** backen. **10 Minuten** vor Ende der Garzeit mehrmals mit der Thymianbutter einpinseln. Mit Trüffel-Mayonnaise servieren.

TIPP:

Die Kartoffeln können Sie schon am Vortag vorkochen, dann verkürzt sich die Vorbereitungszeit.

Knusprige Smashed Potatoes

ZUTATEN:

1 kg vorwiegend festkochende Kartoffeln (ca. 6–7 cm lang) | Salz | Pfeffer aus der Mühle | 100 g Entenfett | 3 Zweige Rosmarin

ZUBEHÖR:

Gusseisenpfanne

ZUBEREITUNG:

1 Die Kartoffeln waschen und **20 bis 30 Minuten** vorkochen. Etwas abkühlen lassen und mit einem Pfannen- oder Topfboden bis auf ca. 1,5 cm flach drücken. Mit Salz und Pfeffer würzen.

2 Die Gusseisenpfanne auf dem Herd heiß werden lassen. Das Entenfett darin erhitzen und die Kartoffeln von beiden Seiten **8 bis 10 Minuten** knusprig braten. Rosmarin waschen und trocken schütteln. Die Nadeln abstreifen und fein hacken. Über die fertigen Kartoffeln streuen, einmal umrühren und servieren.

Flatbread

ZUTATEN:

* 250 g Mehl
* 1 EL Zucker
* 20 g frische Hefe
* 2 ½ EL Joghurt
* 2 EL zerlassene Butter
* 1 TL Salz
* 1 weiße Zwiebel
* 1 EL Butter
* 40 g Röstzwiebeln

Außerdem:

* Mehl zum Ausrollen
* 100 g Petersilienbutter mit geröstetem Knoblauch (s. Seite 292)

ZUBEHÖR:

Pizzastein oder Gusseisenpfanne, Pinsel

ZUBEREITUNG:

1 Das Mehl in eine Schüssel sieben und eine Mulde formen. Zucker und Hefe hineinbröseln und mit 140 ml warmem Wasser in der Mitte einen Vorteig anrühren. Abgedeckt **20 Minuten** ruhen lassen. Die restlichen Zutaten dazugeben, mit den Knethaken des Handrührgeräts **5 Minuten** zu einem glatten Teig kneten und abgedeckt **1 Stunde** gehen lassen.

2 Den Grill mit dem Pizzastein oder der Gusseisenpfanne mit geschlossenem Deckel auf **200 bis 230 °C** für direktes Grillen vorheizen. Den Teig in vier Portionen teilen und auf einer bemehlten Arbeitsfläche 3 bis 4 mm dick ausrollen. Nacheinander die Flatbreads von jeder Seite 1 Minuten grillen. In ein Küchentuch einschlagen und warm halten. Vor dem Servieren die Petersilienbutter zerlassen und die Brote dünn damit einpinseln.

Cheddar-Jalapeño:
1 bis 2 Jalapeños waschen, längs halbieren, entkernen und fein hacken. Mit 80 g geriebenem Cheddar unter den Teig kneten.

Zweierlei Zwiebeln:
1 Zwiebel schälen, fein würfeln und in 1 EL Butter **4 bis 5 Minuten** andünsten. Mit 40 g Röstzwiebeln unter den Teig kneten.

Rote-Bete-Schwarzkümmel:
Statt Wasser 140 ml warmen Rote-Bete-Saft verwenden. 1–2 TL Schwarzkümmel unter den Hefeteig kneten.

TIPP:
Veganer ersetzen die Butter einfach durch Öl oder vegane Margarine.

Hush Puppies

ZUTATEN:

* 1 Zwiebel
* 1–2 Jalapeños
* 300 g Maiskörner
  (aus der Dose)
* 125 g Instant-Polenta
* 250 g Mehl (Type 550)
* 1 Päckchen Backpulver
* ½ TL granuliertes Knoblauchpulver
* 1 Prise Cayennepfeffer
* 1 TL Zucker
* ½ TL Salz
* ½ TL Pfeffer aus der Mühle
* 250 ml Buttermilch
* 1 Ei (L)

Außerdem:
* 1 l Pflanzenöl

ZUBEHÖR:

Schaumkelle

Dieser Klassiker der Südstaatenküche ist nur eines der abwechslungsreichen Maisrezepte, die sich die ersten amerikanischen Siedler ausgedacht haben. Damals wurden frittierte Reste den Hunden vorgeworfen mit dem Kommando „Hush Puppie" (Ruhe Welpe), um ihnen das Betteln nach Fleisch abzugewöhnen. Aber eigentlich schmeckt die frittierte Köstlichkeit mindestens so gut wie Fleisch.

ZUBEREITUNG:

1 Die Zwiebel schälen und fein würfeln. Jalapeños waschen, längs halbieren, entkernen und fein würfeln. Die Hälfte der Maiskörner in einem hohen Rührbecher mit einem Stabmixer pürieren. Polenta, Mehl, Backpulver und die Gewürze in einer Schüssel mischen.

2 Mit dem Knethaken des Handrührgeräts erst Buttermilch und Ei miteinander verrühren. Dann nach und nach die Mehlmischung, die Zwiebel, die Jalapeños, das Maispüree und die Maiskörner dazugeben und alles zu einem glatten Teig verarbeiten. Den Teig **10 Minuten** quellen lassen.

3 Das Pflanzenöl in einem Topf auf **175 °C** erhitzen. Mit einem Teelöffel runde Teigbällchen formen und vorsichtig in das heiße Öl gleiten lassen. Die Hush Puppies **4 bis 5 Minuten** ausbacken, dabei ab und zu wenden. Mit einer Schaumkelle aus dem Öl heben, auf Küchenpapier abtropfen lassen und servieren.

TIPP:

Dieses Rezept können Sie z. B. mit geriebenem Cheddar, frisch gehackten Kräutern oder Schinkenwürfeln kreativ verfeinern, .

Gefüllte Riesenchampignons

ZUTATEN:

* 12 Riesenchampignons
* 2 Schalotten
* 2 Knoblauchzehen
* ½ Bund Thymian
* 100 g junger Blattspinat
* 4 EL Olivenöl
* 150 g Doppelrahm-Frischkäse
* 100 g geriebener Cheddar
* Salz
* Pfeffer aus der Mühle

ZUBEREITUNG:

1 Den Grill mit geschlossenem Deckel auf **200 bis 220 °C** für direktes Grillen vorheizen.

2 Die Champignons putzen und bei Bedarf trocken abreiben. Stiele vorsichtig herausdrehen, mit einem Teelöffel etwas von dem Inneren der Pilze herauskratzen und mit den Stielen klein schneiden.

3 Die Schalotten und den Knoblauch schälen und in Würfel schneiden. Den Thymian waschen, trocken schütteln und die Blättchen abzupfen. Den Spinat waschen und trocken schütteln. Nach Belieben ein paar Blätter für die Deko beiseitelegen.

4 Das Olivenöl in einer Pfanne erhitzen und die gehackten Pilzstiele darin **3 bis 4 Minuten** anbraten. Schalotten, Knoblauch und Thymian kurz mitbraten. Den Spinat dazugeben und zusammenfallen lassen. Die Mischung abkühlen lassen. Mit Frischkäse und Cheddar verrühren, mit Salz und Pfeffer würzen und alles gleichmäßig in die Pilze füllen.

5 Die gefüllten Pilze bei direkter Hitze mit geschlossenem Deckel **6 bis 8 Minuten** grillen. Wer möchte, kann die Champignons noch mit den beiseitegelegten Spinatblättern bestreuen.

Oliven-Focaccia mit gegrilltem Gemüse

ZUTATEN:

Für die Focaccia:
* ½ Würfel Hefe (21 g)
* Zucker
* 400 g Mehl
* 200 g grüne und schwarze Oliven (entsteint)
* 100 g getrocknete Tomaten (in Öl)
* je ½ Bund Thymian und Rosmarin
* Mehl zum Bestäuben
* Olivenöl zum Beträufeln
* Chiliflocken zum Bestreuen

Für das Gemüse:
* 1 kleine gelbe Zucchini
* 1 kleine grüne Zucchini
* 1 kleine Aubergine
* Salz
* Pfeffer aus der Mühle
* Olivenöl zum Beträufeln
* 12 Cocktailtomaten
* 50 g feiner Wildkräutersalat
* 50 g gehobelter Parmesan

ZUBEHÖR:
Grill mit Deckel, Aluschale, Alufolie oder Pizzastein

ZUBEREITUNG:

1 Für die Focaccia die Hefe zerbröckeln und mit 1 Prise Zucker in 250 ml lauwarmem Wasser auflösen. Mehl dazusieben, alles zu einem geschmeidigen Teig kneten. Zugedeckt an einem warmen Ort **25 bis 30 Minuten** gehen lassen.

2 Die Oliven abtropfen lassen und halbieren. Die Tomaten abtropfen lassen und klein schneiden. Thymian und Rosmarin waschen und trocken schütteln, die Blättchen bzw. Nadeln von den Zweigen zupfen und fein schneiden.

3 Den Grill mit geschlossenem Deckel auf **etwa 200 °C** für direktes und indirektes Grillen vorheizen.

4 Die Oliven, die getrockneten Tomaten und die Kräuter unter den Teig rühren. Den Teig zu einem flachen Fladen formen und zugedeckt noch einmal etwa **20 Minuten** gehen lassen.

5 Für das Gemüse Zucchini und Aubergine waschen, putzen und in Scheiben schneiden. Mischen, mit Salz und Pfeffer würzen und mit Olivenöl beträufeln. Die Cocktailtomaten waschen und in einer Aluschale bei direkter Hitze mit geschlossenem Deckel **2 bis 3 Minuten** grillen. Zucchini- und Auberginenscheiben auf dem Rost bei direkter Hitze mit geschlossenem Deckel **2 bis 3 Minuten** grillen. Vierteln.

6 Einen Pizzastein oder doppelt gelegte Alufolie mit Mehl bestäuben. Den Teigfladen mit Öl beträufeln und mit Chiliflocken bestreuen. Auf dem Grill bei indirekter Hitze mit geschlossenem Deckel **30 bis 35 Minuten** grillen.

7 Den Wildkräutersalat waschen und trocken tupfen. Geviertelte Gemüsescheiben und Tomaten auf der Focaccia verteilen, Wildkräutersalat und Parmesan daraufstreuen.

Crispy Kartoffelblätter mit Gewürz-Rub

ZUTATEN:

* 5 kg große mehligkochende Kartoffeln
* 300 g Entenschmalz oder Butterschmalz
* 1 EL feines Meersalz
* 1 TL Pfeffer aus der Mühle

Für den Rub:
* 4 Zweige Basilikum
* 4 Zweige Zitronenthymian
* 1 EL grobes Meersalz

ZUBEHÖR:
Gemüsehobel, Backform 35 x 24 cm

ZUBEREITUNG:

1   Den Backofen auf **200 °C** vorheizen. Die Backform am Boden mit einem Backpapier auslegen. Die Kartoffeln schälen und jeweils an einer langen Seite gerade abschneiden. Die Kartoffeln mit einem Gemüsehobel in 2 mm dünne Scheiben schneiden.

2   Das Schmalz bei kleiner Hitze zerlassen und mit Salz und Pfeffer würzen. Mit den Kartoffelscheiben mischen. Die Scheiben eng aneinander mit der geraden Seite aufrecht in die Form stellen. Im Ofen (Mitte) etwa **1 Stunde 15 Minuten** backen. Die Backform nach **30 Minuten** einmal drehen.

3   Basilikum und Thymian waschen, trocken schütteln und die Blättchen abzupfen. Mit dem Salz im Mörser fein zerreiben und über die Kartoffelblätter streuen.

Caesar Salad mit Crispy Kale

ZUTATEN:

Für den Kale: 4–5 Rispen Grünkohl |
2 EL geriebener Parmesan | 2 EL Olivenöl | Salz |
Pfeffer aus der Mühle

Für das Dressing: 1 kleine Knoblauchzehe |
150 g Mayonnaise | 80 ml Gemüsebrühe | 1 TL Dijon-Senf | 1 TL Worcestershiresauce | 1 EL Apfelessig
| 4 EL Maiskeimöl | 80 g geriebener Parmesan | Salz |
Pfeffer aus der Mühle

Außerdem: 50 g Mandelblättchen |
2 Baby-Romanasalatherzen | 50 g junger Blattspinat |
Knoblauch-Brotchips (aus dem Supermarkt)

ZUBEREITUNG:

1   Den Backofen auf **150 °C** vorheizen. Den Grünkohl waschen, trocken tupfen und von den Blattrispen in mundgerechte Stücke zupfen. In einer Schüssel mit Parmesan und Olivenöl mischen und mit Salz und Pfeffer würzen. Auf ein Backblech verteilen und im Ofen (Mitte) **10 bis 15 Minuten** knusprig backen.

2   Für das Dressing Knoblauch schälen. Mit den übrigen Zutaten in einen hohen Rührbecher geben und mit einem Stabmixer gut durchmixen. Mit Salz und Pfeffer würzen. Die Mandelblättchen in einer Pfanne ohne Fett anrösten, abkühlen lassen. Die Salate waschen, trocken schütteln und auf Teller verteilen. Mit Dressing, Mandelblättchen, Kale und Brotchips servieren.

Gemüsesalat mit Buttermilchdressing

 4 Port. 30 Min.

ZUTATEN:

Für das Dressing: 80 g Joghurt | 60 ml Buttermilch | 1 EL Zitronensaft | 1 TL Dijon-Senf | 1 EL Schnitt-lauch | 1 EL Estragon | ½ Knoblauchzehe | 2 EL Olivenöl | Salz | Pfeffer aus der Mühle
Für den Salat: 150 g grüner Spargel | 150 g grüne Bohnen | 100 g Erbsen (TK) | Salz | 1 Fenchel | 80 g junger Blattspinat
Außerdem: 50 g Haselnüsse | 150 g Ricotta

ZUBEREITUNG:

1 Für das Dressing alle Zutaten in einem Rührbecher mischen und mit einem Stabmixer fein pürieren. Mit Salz und Pfeffer würzen. Die Haselnüsse in einer Pfanne ohne Fett goldbraun rösten.

2 Den Spargel waschen, im unteren Drittel schälen und die Enden abschneiden. Die Bohnen waschen und putzen. Beides mit den Erbsen in kochendem Salzwasser bissfest blanchieren und in kaltem Wasser abschrecken. Den Fenchel waschen, putzen und in feine Streifen hobeln. Spinat waschen und trocken schütteln.

3 Die Salatzutaten auf Teller verteilen. Ricotta, Haselnüsse und Dressing darübergeben und servieren.

Kleine Gerichte

Flanksteak Pinwheel mit Jalapeño-Ranch-Dip

ZUTATEN:

Für die Pinwheels:
* 800 g Flanksteak (alternativ Rumpsteak oder Hüfte)
* 3 TL Classic BBQ-Rub (s. Seite 302)
* 40 g Rucola
* 1–2 rote Peperoni
* 100 g Käse (z. B. Provolone, alter Gouda oder Emmentaler; in Scheiben)
* 100 g luftgetrockneter Schinken (z. B. San Daniele oder Serrano; in Scheiben)
* Salz
* Pfeffer aus der Mühle

Für die Sauce:
* 1 Knoblauchzehe
* 1–2 Jalapeños
* 50 ml Buttermilch
* 1 Bund Schnittlauch
* 200 g Mayonnaise
* 200 g Sauerrahm
* 1 TL Zitronensaft
* 1 TL mittelscharfer Senf
* 2 TL Worcestershiresauce
* Salz
* Pfeffer aus der Mühle

FLEISCHSCHNITT:
Flanksteak

ZUBEHÖR:
Grillthermometer, Holzspieße

ZUBEREITUNG:

1 Den Grill mit geschlossenem Deckel auf **280 °C** für direktes und indirektes Grillen vorheizen.

2 Das Fleisch mit einem Schmetterlingsschnitt waagerecht in der Mitte einmal fast durchschneiden, sodass man es aufklappen kann und eine möglichst große Fläche zum Füllen bekommt. Das Fleisch eventuell vorsichtig zwischen zwei Stücken Backpapier mit einem Fleischklopfer flach klopfen. Die Fläche sollte etwa 28 x 24 cm groß sein. Die obere Seite der Fläche gleichmäßig mit dem Rub bestreuen.

3 Rucola waschen und trocken schleudern. Die Peperoni waschen, längs halbieren, entkernen, fein hacken und über dem Fleisch verteilen. Mit Käse, Rucola und Schinken belegen und gut andrücken. Zu einer Roulade fest aufrollen und im Abstand von 3 bis 4 cm Holzspieße durch das Fleisch stechen. Mit einem scharfen Messer zwischen den Spießen in Scheiben schneiden. Mit Salz und Pfeffer würzen.

4 Die Pinwheels bei direkter Hitze von jeder Seite **2 Minuten** scharf angrillen. Die Temperatur auf etwa **140 °C** reduzieren. Die Pinwheels mit geschlossenem Deckel bei indirekter Hitze **20 bis 25 Minuten** fertig grillen. Die optimale Kerntemperatur liegt zwischen **52 bis 58 °C**.

5 Für die Sauce den Knoblauch schälen. Die Jalapeños waschen, längs halbieren und entkernen. In einem hohen Rührbecher mit der Buttermilch fein pürieren. Den Schnittlauch waschen, trocken schütteln und in feine Ringe scheiden. Mit den übrigen Zutaten unter die Buttermilch rühren. Mit Salz und Pfeffer würzen.

TIPP:

Beim Füllen dürfen Sie kreativ werden. Versuchen Sie mal getrocknete Tomaten, Basilikumpesto, Mozzarella oder Räucherkäse (Scarmorza), knusprigen Räucherspeck oder Spinat.

Rinderfilet-Oktopus-Lollies

ZUTATEN:

* 640 g Rinderfilet
* 2–3 TL Texas-Chili-Rub (s. Seite 302)
* 320 g gekochter Oktopus (gut sortierter Fischhändler oder Supermarkt)
* 1 Knoblauchzehe
* ½ Bund Petersilie
* 2 EL weiche Butter
* 2–3 EL Maiskeimöl
* 1–2 EL Ahornsirup
* Pfeffer aus der Mühle

Außerdem:
* Sweet-Carolina-Sauce (s. Seite 294)

FLEISCHSCHNITT:
Rinderfilet

ZUBEHÖR:
Holzspieße, Pinsel

ZUBEREITUNG:

1 Den Grill mit geschlossenem Deckel auf **220 °C** für direktes und indirektes Grillen vorheizen. Das Rinderfilet in 18 etwa 40 g schwere Scheiben schneiden und mit dem Messerrücken etwas flach drücken. Gleichmäßig mit dem Rub bestreuen. Den Oktopus in 18 gleich große Stücke schneiden.

2 Knoblauch schälen und fein hacken. Petersilie waschen, trocken schütteln, die Blätter abzupfen und fein hacken. Mit Knoblauch, der weichen Butter und den Oktopusstücken verrühren. Je 1 Stück Oktopus auf 1 Filetscheibe geben und zu einer Kugel zusammenklappen. Jede Kugel in ein Stück Frischhaltefolie wickeln und wie ein Bonbon fest eindrehen. Auf einen Holzspieß stecken und **1 Stunde** kalt stellen.

3 Die Frischhaltefolie entfernen und die Lollies mit etwas Öl einpinseln. Bei direkter Hitze von allen Seiten **2 Minuten** scharf angrillen. Die Temperatur auf **140 °C** reduzieren und bei indirekter Hitze **3 bis 4 Minuten** fertig grillen. Mit etwas Ahornsirup einpinseln, mit Pfeffer würzen und mit der Sauce servieren.

TIPP:

Statt Oktopus können Sie auch gekochte Garnelen oder Flusskrebsfleisch verwenden oder auch Cheddar- oder Mozzarellawürfel.

TIPP:

Nach Belieben mit Röstzwiebeln bestreuen und einen gemischten Salat dazu servieren.

Classic Pitbeans

4 Port. | 20 Min. | 60 Min.

ZUTATEN:

Für die Pitbeans: 1 Gemüsezwiebel | 2 EL Butter | 400 g gegarte Fleischreste (z.B. Brisket, Pulled Pork, Short Ribs) | 1 kg gemischte Bohnen aus der Dose (z.B. Baked Beans, Kidneybohnen, Pintobohnen) | 200 ml Classic BBQ-Sauce (s. Seite 295) | 120 g brauner Zucker | 200 ml Ketchup | 60 ml Apfelessig | 1 TL geräuchertes Paprikapulver | ½ TL Cayennepfeffer | Salz | Pfeffer aus der Mühle
Außerdem: 1 Kastenweißbrot | 200 g Sauerrahm
ZUBEHÖR:
Gusseisenpfanne oder ofenfeste Form (ca. 28 x 24cm), 1–2 Handvoll Räucherchips oder -chunks

ZUBEREITUNG:

1 Den Grill mit geschlossenem Deckel auf **140 °C** oder den Smoker auf **120 °C** für indirektes Grillen vorheizen. Die Räucherchips mindestens **1 Stunde** in Wasser einweichen. Die Zwiebel schälen, halbieren und würfeln. Die Butter in der Gusseisenpfanne erhitzen und die Zwiebel darin anbraten. Die Fleischreste würfeln und die übrigen Zutaten dazugeben. Mit Salz und Pfeffer würzen.

2 Die Räucherchips abtropfen lassen und auf die Grillkohle oder angezündet in eine Räucherbox für den Gasgrill geben. Indirekt bei **60 Minuten** oder im Smoker **1 Stunde** mit geschlossenem Deckel garen. Bei Bedarf mit etwas Wasser verdünnen. Mit Brot und einem Klecks Sauerrahm servieren.

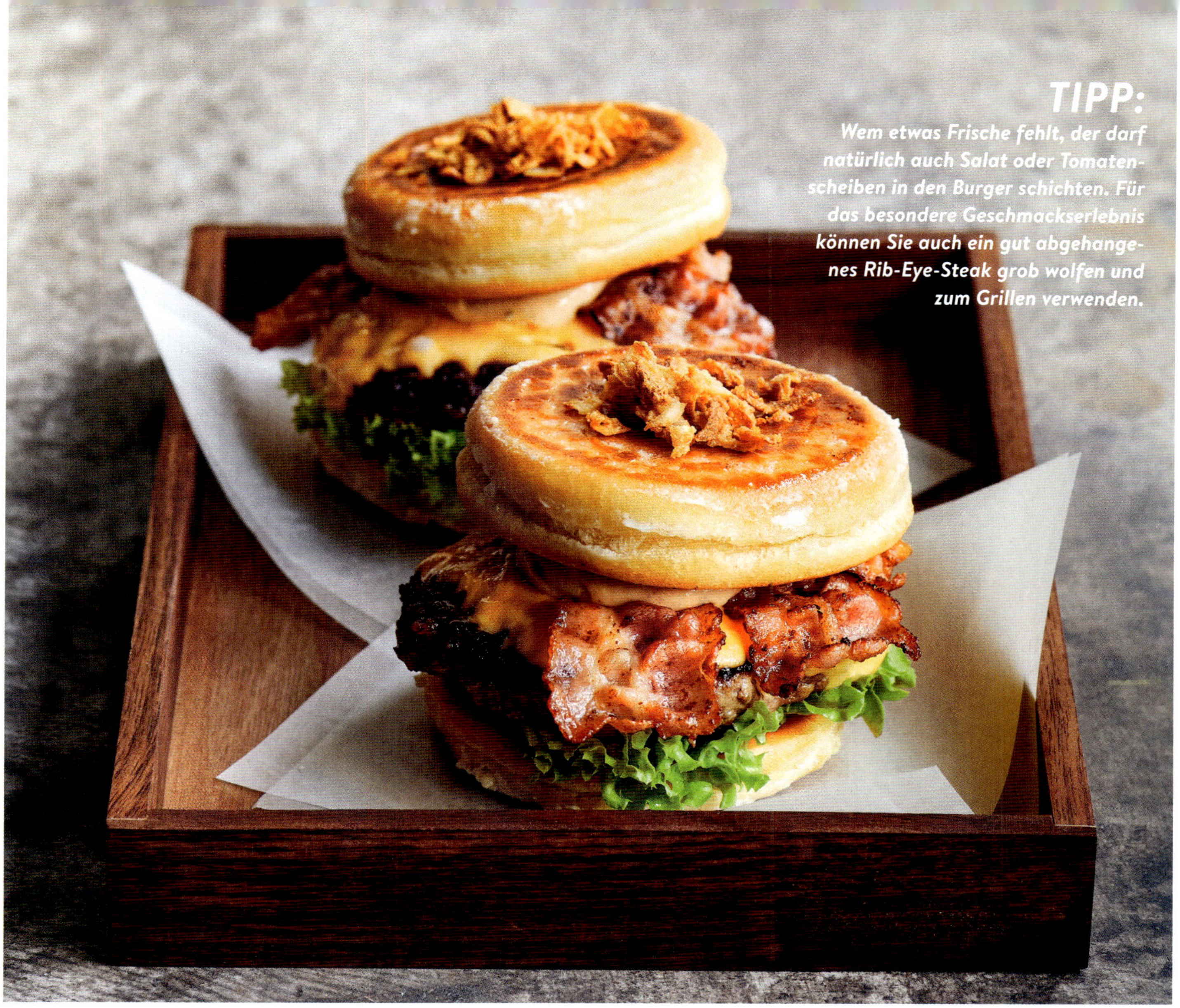

TIPP:

Wem etwas Frische fehlt, der darf natürlich auch Salat oder Tomatenscheiben in den Burger schichten. Für das besondere Geschmackserlebnis können Sie auch ein gut abgehangenes Rib-Eye-Steak grob wolfen und zum Grillen verwenden.

Donutburger aka Luther

4 Port. | 25 Min. | 10 Min.

ZUTATEN:

Für die Pattys: 800 g grob gewolftes Rinderhackfleisch (20–25 Prozent Fett) | 1 EL Worcestershiresauce | Salz | Pfeffer aus der Mühle

Außerdem: 4 Scheiben Käse (z.B.: Cheddar, Emmentaler, junger Gouda) | 8 Scheiben Räucherspeck | 8 Donuts mit Zuckerglasur | 4 EL Kansas City BBQ-Sauce (s. Seite 296) | 4 EL Dirty Mayonnaise (s. Seite 299) | 4 EL Röstzwiebeln

FLEISCHSCHNITT:

Rinderhals oder Schulter

ZUBEHÖR:

Grillplatte, Burgerpresse, Grillwender

ZUBEREITUNG:

1 Den Grill und die Grillplatte mit geschlossenem Deckel auf **240 °C** für direktes und indirektes Grillen vorheizen. Das Rindfleisch mit der Worcestershiresauce gut verkneten und 4 gleich schwere Pattys daraus formen. In die Mitte jedes Pattys mit dem Daumen eine Mulde drücken. Mit Salz und Pfeffer würzen.

2 Pattys auf der Grillplatte mit geschlossenem Deckel bei direkter Hitze von jeder Seite **2 bis 3 Minuten** grillen. An den Rand legen und mit dem Käse belegen. Bei indirekter Hitze **3 bis 4 Minuten** grillen. In der Grillpfanne den Speck braten, die Donuts von beiden Seiten anrösten. 4 Donuts mit Dirt-Mayo, Patty, Speck, BBQ-Sauce und Zwiebeln belegen. Übrige Donuts als Deckel auflegen.

Hot & Cheesy Moink-Balls
– Muuuh trifft Oink

ZUTATEN:

Für die Moink-Balls:

* 800 g Rinderhackfleisch (20–25 Prozent Fett)
* 1–1 ½ EL Classic BBQ-Rub (s. Seite 302)
* 200 g Käse (z.B. Cheddar, Emmentaler oder Scarmorza)
* 40 Scheiben Räucherspeck (Bacon)
* 200 ml Cherry-Chipotle-BBQ-Sauce (s. Seite 296)

FLEISCHSCHNITT:

Rinderhals oder Schulter

ZUBEHÖR:

1–2 Handvoll Räucherchips oder -chunks, Gusseisen-pfanne oder Grillschale (ca. 25 x 20 cm), Pinsel

ZUBEREITUNG:

1 Den Grill mit geschlossenem Deckel auf **140 °C** für indirektes Grillen oder den Smoker auf **120 °C** vorheizen. Die Räucherchips mindestens **1 Stunde** in Wasser einweichen.

2 Das Hackfleisch mit dem Rub gut verkneten. Käse in 1 bis 1,5 cm große Würfel schneiden. Jeweils 40 g Hackfleisch zu einer Kugel formen und mit dem Daumen eine Mulde hineindrücken. Je 1 Käsewürfel hineingeben, die Kugel verschließen und wieder rund formen. Jedes Bällchen so in 2 Scheiben Räucherspeck ein-wickeln, dass das Hackfleisch komplett umschlossen ist.

3 Die Räucherchips abtropfen lassen und auf die Grillkohle oder angezündet in eine Räucherbox für den Gasgrill geben. Die Moink-Balls in die Gusseisenpfanne geben und mit geschlossenem Deckel bei indirekter Hitze **30 Minuten** oder im Smoker **60 Minuten** garen. Die BBQ-Sauce in einen kleinen Topf füllen, mit etwas Wasser verdünnen und auf dem Grill bei indirekter Hitze erwärmen.

4 Moink-Balls weitere **15 Minuten** grillen und dabei mehrmals mit BBQ-Sauce einpinseln. Die optimale Kerntemperatur liegt am Ende zwischen **68 und 70 °C**. Bei höheren Temperaturen kann das Hackfleisch trocken werden.

TIPP:

Servieren Sie dazu einen der Cole Slaws (s. Seite 236) oder eine Salsa (s. Seite 294/295).

Bacon-Avocado-Bomb

ZUTATEN:

Für die Avocado-Bomb:

* 2 Avocados
* 1 Jalapeño
* 50 g geriebener Cheddarkäse
* 1 El Doppelrahm Frischkäse
* 200 g Räucherspeck (Bacon; in Scheiben)
* 300 g rohe grobe Bratwurst
* 2 EL Sahne

Für die Glasur:

* 1 EL Apfeldicksaft
* 2 TL Classic BBQ Rub (s. Seite 302)
* 3 EL Classic BBQ-Sauce (s. Seite 295)

ZUBEHÖR:

Grillthermometer, Pinsel, 1–2 Handvoll Räucherchips

ZUBEREITUNG:

1 Den Grill mit geschlossenem Deckel auf **160 °C** für indirektes Grillen oder den Smoker auf **120 °C** vorheizen. Die Räucherchips mindestens **1 Stunde** in Wasser einweichen.

2 Die Avocados schälen halbieren und entkernen. Jalapeño waschen, längs halbieren, entkernen, fein hacken und mit Käse und Frischkäse gut mischen. Käse mit den Händen zu 2 Kugeln in der Größe des Avocadokerns formen. 2 Avocadohälften damit füllen und die Avocados wieder zusammensetzen.

3 Nacheinander ein großes Stück Frischhaltefolie auf der Arbeitsfläche ausbreiten und je 100 g Räucherspeckscheiben gitterförmig auf eine Fläche von 22 x 22 cm auslegen.

4 Das Bratwurstbrät aus dem Darm drücken und mit der Sahne verrühren. Die Hälfte der Masse gleichmäßig auf den Räucherspeck streichen. Je 1 gefüllte Avocado auf den unteren Teil legen und das Speckgitter aufrollen. Dabei die Folie abziehen und die Enden zusammenfalten. Erneut in Frischhaltefolie wickeln und wie ein Bonbon fest eindrehen. **1 Stunde** kalt stellen.

5 Die Räucherchips abtropfen lassen und auf die Grillkohle oder angezündet in eine Räucherbox für den Gasgrill geben. Die Avocados aus der Folie wickeln und mit geschlossenem Deckel bei indirekter Hitze **20 bis 25 Minuten** oder im Smoker **1 Stunde bis 1 Stunde 30 Minuten** garen.

6 Apfeldicksaft, Rub, BBQ-Sauce und 2 EL Wasser in einem Topf auf dem Grill erwärmen. Avocado-Bomben **10 Minuten** vor Ende der Garzeit mehrmals mit BBQ-Sauce einpinseln. Die optimale Kerntemperatur liegt zwischen **65 bis 70 °C**.

TIPP:

Dazu passt Pico de Gallo: 4 Tomaten, 1 rote Zwiebel, 1 Jalapeño waschen, schälen und je nach Sorte entkernen. Alles in feine Würfel schneiden. Je 2 EL gehackten Koriander und Petersilie unterheben. Mit Salz und dem Saft von 2 Limetten würzen.

1. Die Käsemasse zu Kugeln formen in der Größe eines Avocadokerns und je 1 Avocadohälfte damit füllen. Die zweite Hälfte als Deckel auflegen.

2. Die gefüllten Avocados in die vorbereiteten Speckgitter wickeln und die Enden nach unten einschlagen.

Kartoffellaibchen mit Oliven-Sardellen-Dip

ZUTATEN:

Für die Kartoffellaibchen:

* 4 große mehligkochende Kartoffeln (ca. 800 g)
* 1 Bund Petersilie
* 2 Eigelb
* 2 EL Speisestärke
* Salz
* Pfeffer aus der Mühle
* frisch geriebene Muskatnuss
* Öl für den Grillrost

Für den Dip:

* 200 g grüne Oliven (ohne Stein)
* 50 g getrocknete Tomaten (in Öl)
* 2 EL kleine Kapern (Nonpareilles)
* 3–4 Sardellenfilets (in Öl)
* 4 EL eingelegte Silberzwiebeln
* 50 g gemischte Kräuter (z. B. Petersilie, Kerbel, Kresse)
* Zesten und Saft von 1 Bio-Limette
* 4 EL Olivenöl
* Salz
* Pfeffer aus der Mühle

ZUBEHÖR:

Grill mit Deckel

ZUBEREITUNG:

1 Den Grill mit geschlossenem Deckel auf **etwa 200 °C** für direktes und indirektes Grillen vorheizen.

2 Für die Kartoffellaibchen die Kartoffeln waschen und abbürsten. Rundum einstechen und bei indirekter Hitze mit geschlossenem Deckel **45 bis 50 Minuten** grillen.

3 Für den Dip Oliven, Tomaten, Kapern und Sardellen fein hacken. Die Silberzwiebeln halbieren. Die Kräuter waschen und trocken schütteln, die Blätter abzupfen und fein schneiden. Alle vorbereiteten Zutaten mit den Limettenzesten, dem -saft und dem Olivenöl im Mörser zu einem Dip verarbeiten. Salzen und pfeffern.

4 Die Kartoffeln vom Grill nehmen, pellen, ausdampfen lassen und grob zerdrücken. Die Petersilie waschen und trocken schütteln, die Blätter abzupfen und fein schneiden. Kartoffeln und Petersilie mit den Eigelben und der Stärke zu einer kompakten Masse verrühren und mit Salz, Pfeffer und Muskatnuss würzen. Die Masse zu etwa 8 flachen Laibchen formen.

5 Den Grillrost mit Öl einfetten und die Laibchen bei direkter Hitze offen auf jeder Seite **2 bis 3 Minuten** auf Sicht grillen. Die Kartoffellaibchen mit dem Oliven-Sardellen-Dip servieren.

Gefüllte Jalapeños im Speckmantel

ZUTATEN:

Für die Füllung:

* 80 g eingelegte getrocknete Tomaten
* 100 g Frischkäse
* 1 EL gehackte Petersilie
* 1 EL Worcestershiresauce
* Salz
* Pfeffer aus der Mühle

Außerdem:

* 20 Jalapeños
* 20 Scheiben Räucherspeck (Bacon)

ZUBEHÖR:

1–2 Handvoll Räucherchips oder -chunks, Zahnstocher, Grillzange

ZUBEREITUNG:

1 Den Grill mit geschlossenem Deckel auf **200 bis 220 °C** für direktes Grillen vorheizen. Die Räucherchips in Wasser einweichen.

2 Die getrockneten Tomaten abtropfen lassen und fein hacken. Mit den übrigen Zutaten gut verrühren. Wegen des salzigen Räucherspecks nur sparsam salzen und mit Pfeffer würzen.

3 Die Jalapeños waschen, trocken tupfen und der Länge nach ein-, aber nicht durchschneiden. Aufklappen und entkernen. Die Füllung in einen Gefrierbeutel füllen, eine Ecke abschneiden. Die Schoten wie mit einem Spritzbeutel füllen. Jede Schote in 1 Scheibe Räucherspeck wickeln. Mit Zahnstochern fixieren.

4 Die Räucherchips abtropfen lassen und auf die Grillkohle oder angezündet in eine Räucherbox für den Gasgrill geben.

5 Die Schoten mit geschlossenem Deckel bei direkter Hitze **6 bis 8 Minuten** unter mehrmaligem Wenden grillen, bis der Räucherspeck knusprig ist.

TIPP:

Wer es nicht so spicy mag, kann auch spanische Pimientos de Padrón verwenden.

Kleine winterliche Flammkuchen

ZUTATEN:

Für den Teig:
* 200 g Mehl
* 2 EL Olivenöl
* Salz
* Zucker
* Mehl für die Arbeitsfläche

Für den Belag:
* 200 g Sauerrahm
* Salz
* Pfeffer aus der Mühle
* ½ Bund Frühlingszwiebeln
* ½ Bund Schnittlauch
* 1 rote Zwiebel
* 1 Birne
* 2 Feigen
* 8 Scheiben Räucherspeck (Bacon)
* 50 g Käse zum Überbacken
  (z. B. Emmentaler, Brie, Camembert)

ZUBEHÖR:

Grill mit Deckel, Alufolie oder Pizzastein

ZUBEREITUNG:

1 Den Grill mit geschlossenem Deckel auf 250 °C für hohe direkte Hitze vorheizen.

2 Für den Teig Mehl und Olivenöl mit 80 ml Wasser vermischen und mit je 1 Prise Salz und Zucker würzen. Zugedeckt etwa **20 Minuten** ruhen lassen. Anschließend doppelt gelegte Alufolie oder einen Pizzastein mit Mehl bestäuben. Den Teig auf der bemehlten Arbeitsfläche hauchdünn ausrollen und etwa 12 Kreise (à 8 bis 10 cm Durchmesser) ausstechen.

3 Für den Belag den Sauerrahm mit Salz und Pfeffer würzen. Die Frühlingszwiebeln waschen, putzen und in Ringe schneiden. Den Schnittlauch waschen, trocken schütteln und ebenfalls in Ringe schneiden. Die Zwiebel schälen und in Spalten schneiden. Die Birne schälen, vierteln, entkernen und in Spalten schneiden. Die Feigen waschen und ebenfalls in Spalten schneiden. Den Frühstücksspeck fein würfeln. Den Käse reiben bzw. in kleine Würfel schneiden.

4 Die Teigkreise mit dem Sauerrahm bestreichen und wahlweise mit Speck, Zwiebel-, Birnen- und Feigenspalten belegen. Mit dem Käse bestreuen und bei direkter Hitze mit geschlossenem Deckel **6 bis 8 Minuten** grillen.

5 Die gegrillten Flammkuchen mit den Frühlingszwiebelringen und dem Schnittlauch bestreut servieren.

Rubs, Marinaden & Co.

WARENKUNDE RUBS, MARINADEN & CO.

Geschichte

Ursprünglich war das Einsalzen bzw. Trockenbeizen eine Konservierungsmethode aus der Zeit, als es noch keine Kühlgeräte gab. Fleisch oder Fisch wurde über einen bestimmten Zeitraum eingesalzen, um ihnen Feuchtigkeit zu entziehen, und dann zum Trocknen aufgehängt. So entstanden Trockenfleisch und Trockenfisch, die heute wie Jerk in Afrika und Bacalau in Portugal immer noch nach derselben Methode hergestellt werden.

Später kamen Kräuter, Gewürze und Zucker zum Salz und so wurde der gebeizte Lachs erfunden. „Graved Lachs" bedeutet übersetzt „vergrabener Lachs". Damals wurde der Fisch zum Beizen einfach im kühlen skandinavischen Erdboden vergraben. Das heutige Beizen folgt immer noch denselben Regeln, aber dabei geht es mehr um Tradition und Geschmack als um die Haltbarkeit.

Ein Steak mit Rub einzureiben ist auch eine Art von Beizen. Beim Trockenbeizen entsteht Feuchtigkeit auf der Oberfläche des Fleisches. Die Gewürze werden gelöst und beim Grillen entstehen wunderbare Röstaromen. Beim Marinieren in Flüssigkeit mit Salz und Säure handelt es sich dagegen um ein Flüssigbeizen: Das Grillgut wird ähnlich wie beim Sauerbraten zart und mürbe. Ohne Säure ist es nur Marinieren, um dem Grillgut Geschmack zu geben, beispielsweise in Kräuter-Knoblauch-Öl. Marinaden kommen überall in der Welt zum Einsatz, ob als Te-

riyaki mit Sojasauce in Japan, als russische Schaschliki in Kefir (Schweinenacken), als mexikanische Carnitas mit viel Orangensaft und Gewürzen oder als indisches Tandoori in Joghurtmarinade oder dem mit Kräutern und Gewürzen gebeizten New Yorker Klassiker Pastrami.

Anwendung

Marinieren können Sie trocken, mit sogenannten Rubs, oder nass mit flüssigen Marinaden. Flüssige Marinaden können auch mit einer Marinierspritze (s. Seite 28) direkt ins Grillgut eingeführt werden, um die Marinierzeit zu verkürzen. Diese Methode wird häufig bei sehr großen Fleischstücken angewendet. Die Dauer des Marinierens hängt stark von den Zutaten ab. Kräuter-Öl-Marinaden können länger verwendet werden als solche mit Zitrusfrüchten, einem hohen Salzgehalt (Lake) oder mit Milchprodukten, da diese Zutaten einen Prozess in Gang setzten, der die Struktur der Lebensmittel über einen längeren Zeitraum verändert. Jeder hat schon einmal ein Lachsfilet mit Zitronensaft beträufelt und gesehen, wie sich das Fischfleisch nach einigen Minuten äußerlich durch die Säure veränderte. Es gibt Rezepte, bei denen dieser Prozess erwünscht ist wie etwa bei Ceviche, dem peruanischen rohen Fischsalat. Beim Marinieren von Grillgut ist das eher nicht der Fall.

Flüssig- bzw. Nassmarinaden

Mit Lake (s. Seite 287 ❷)

Besteht aus Zucker, Salz, Gewürzen und Kräutern, die in Wasser aufgelöst werden und das Grillgut vollständig bedecken. Wird häufig zum Grillen oder Smoken von Geflügel oder zum Räuchern von Fisch verwendet.

Mit Zitrusfrüchten (s. Seite 287 ❸)

Sie bestehen aus Gewürzen, dem Saft von Zitrusfrüchten und Öl und geben durch ihre Säure dem Fleisch Geschmack. Diese Marinaden sollten aber nur kurz angewendet werden, z.B. bei Fischfilets, Garnelen oder Kalbsrückensteaks.

Mit Essig oder Fruchtsäure

Die Marinaden bestehen aus einem Teil Essig, Fruchtsaft , z.B. Ananas- oder Apfelsaft, und Gewürzen. Mit ihnen kann man das Bindegewebe in Schweinefleisch aufspalten. Beim Garen wird es wunderbar zart. Man kann die Marinade auch in eine Sprühflasche füllen und das Grillgut beim Grillen direkt damit besprühen.

Mit Öl

Sie bestehen meist aus Kräutern, Gewürzen, Knoblauch sowie den Schalen von Zitrusfrüchten und eignen sich für Fisch, Geflügel oder Gemüse. Wichtig ist es, die Zutaten im Mörser zu zerstoßen, damit die ätherischen Öle austreten können, bevor sie mit dem Öl vermischt werden. Das Grillgut vor der Zubereitung gut abtropfen lassen bzw. trocken tupfen, damit es zu keiner Flammenbildung kommt.

Mit Milchprodukten

Hier verwendet man häufig Joghurt, Kefir oder Buttermilch. Die Milchsäure reagiert ähnlich wie Essig und Zitrussäure, aber nicht so aggressiv. Deshalb können Sie das Grillgut länger marinieren. Mit Gewürzen und Kräutern vermischt eignen sich solche Marinaden hauptsächlich für Geflügel, Lamm und zarte Stücke vom Schwein wie Rücken oder Filet.

Mit Rotwein und Essig

Die Marinade wird auch Beize genannt. Sie besteht neben Wein und Essig aus Gewürzen und Suppengemüse. Sie wird aufgekocht und abgekühlt zum Beizen von Rind und Wild verwendet, ähnlich wie bei Schmorbraten.

Anwendung

Marinieren Sie das Grillgut in großen Zip-Lock-Gefrierbeuteln. Sie benötigen auf diese Weise weniger Marinade wie in einem Gefäß. Zusätzlicher Vorteil: Durch Kneten des Beutels können Sie die Marinade gleichmäßig verteilen, ohne sich die Hände schmutzig zu machen. Marinaden nie in säureempfindliche Gefäße wie Aluminium füllen, lieber Glas, Edelstahl oder Kunststoff verwenden.
Eine feste Marinierzeit gibt es nicht, da sie von vielen Faktoren abhängt. Enthält die Marinaden kräftige Zutaten wie Sojasauce, Alkohol oder scharfe Gewürze, sollte man es nicht übertreiben – Fisch darf auch nach dem Marinieren immer noch nach Fisch schmecken. Enthält die Marinade viel Säure in Form von Essig oder dem Saft von Zitrusfrüchten, kann durch zu langes Marinieren das Grillgut sogar zersetzt werden und austrocknen.

Haltbarkeit

Marinaden können **1 bis 2 Tage** im Voraus hergestellt, sollten aber nach der Verwendung weggeworfen werden, da rohes Fleisch oder Fisch darin eingelegt wurde. Ausnahme: Marinaden für Gemüse können gekühlt **8 bis 10 Tage** wiederverwendet werden. Ölmarinaden sogar noch länger.

Empfehlung für Marinaden mit Öl, Lake oder Milchprodukten

▶ **30 Minuten:** Kleine Fleisch- und Fischwürfel, Garnelen, schnittfestes Gemüse; 1,5 cm dick

▶ **2 Stunden:** Fleischstücke ohne Knochen, Fischfilets und feste Gemüsearten; 2 cm dick

▶ **4 bis 6 Stunden:** Große Fleischstücke und ganzes Geflügel; 6 bis 8 cm dick

▶ **6 bis 12 Stunden:** Große Fleischstücke wie Ribs, Schweineschulter, Ente oder Gans; mehr als 12 bis 15 cm dick

Trockenmarinade

Rubs

Rubs sind Trockenmarinaden aus Gewürzen und Kräutern, die dem Aromatisieren von Fleisch, Fisch und Gemüse dienen. In bestimmten Rubs für langes indirektes Grillen und zum Smoken großer Fleischteile sind zusätzlich ein höherer Anteil an Zucker und Salz enthalten. Denn erst mit der Vorbehandlung des Fleisches mit Rubs entsteht der typische BBQ-Geschmack und eine süß-salzige Karamellkruste. Da der Zucker im Rub schnell verbrennt, sollte direkt gegrilltes Grillgut nur mit Rubs, die wenig bis gar keinen Zucker enthalten, zubereitet werden. Rubs lassen sich gut auf Vorrat herstellen, das spart Zeit. Zudem enthalten sie keine Geschmacksverstärker oder künstlichen Inhaltsstoffe.

Tipp

Ich verwende zum Mahlen der gerösteten Gewürze eine elektrische Kaffeemühle.

Haltbarkeit

Rubs lassen sich problemlos **6 bis 8 Monate** lichtgeschützt, trocken und dunkel lagern.

Empfehlung für Rubs

► **5 bis 15 Minuten:** Kleine Fleisch- und Fischwürfel, Garnelen, schnittfestes Gemüse; 1,5 cm dick

► **30 bis 60 Minuten:** Fleischstücke ohne Knochen, Fischfilets und feste Gemüsearten; 2 cm dick

► **1 bis 1,5 Stunden:** Große Fleischstücke und ganzes Geflügel; 6 bis 8 cm dick

► **6 bis 12 Stunden:** Große Fleischstücke wie Ribs, Schweineschulter oder Gans; mehr als 12 bis 15 cm dick

Mops und Glasuren

Mops und Glasuren (s. Seite 287 **❶**, **❹**) sind eingekochte Marinaden ohne Öl und Milchprodukte. Sie unterscheiden sich in ihrer Konsistenz. Ein Mop ist eine flüssige Glasur, die mit einem Mop oder Pinsel über einen längeren Zeitraum mehrmals auf das Grillgut aufgetragen wird, um ihm Feuchtigkeit und Geschmack zu verleihen. Im Laufe der Garzeit kann man den Mop auf dem Grill immer weiter einkochen, bis er eine sirupartige Konsistenz hat und das Grillgut dann am Ende damit glasieren.

Wesentliche Bestandteile von Mops und Glasuren sind Fruchtsäfte, Gewürze, Kräuter, Alkohol, eingelegte Früchte, Honig, Zuckerrübensirup und brauner Zucker.

Bei Grillgut mit einer kürzeren Zubereitungszeit wie Enten- oder Geflügelbrustfilets, Chickenwings, Chicken Drumsticks oder Steaks verwendet man eine eingekochte Glasur, um ihnen am Ende eine aromatisch glänzende Oberfläche zu verleihen. Am besten bei indirekter Hitze glasieren, damit die Glasur wegen ihres hohen Zuckergehalts nicht verbrennt.

Eine Vielzahl von Rubrezepten finden Sie auf den Seiten 302/303. Sie können aber auch eigene Rubmischungen ganz nach Ihren Vorlieben selber herstellen. Probieren Sie es aus!

Salze

1 Röstzwiebel-Aschesalz

Zutaten für 1 Weckglas (ä 200 ml): 50 g getrocknete Schalotten (Gewürzregal oder aus dem Asienladen) | 150 g feines Meersalz | ½ TL Aktivkohlepulver (Online) | 1 TL geräuchertes Paprikapulver | 30 g dänisches Rauchsalz (Gewürzregal oder Online)
Die Schalotten im Blitzhacker fein mahlen und mit den übrigen Zutaten gründlich vermischen. In ein Weckglas abfüllen.

Für Rind, Kalb, Schwein, Gemüse

2 Chickensalt

Zutaten für 1 Weckglas (à 200 ml): 6 Hähnchenkeulen | 30 g getrocknete Steinpilze | 10 g weißer Pfeffer | 150 g grobes Meersalz | 5 g Knoblauchpulver | 10 g Zwiebelpulver

Die Haut der Keulen abziehen und flach auf einem mit Backpapier belegten Backblech verteilen. Mit Backpapier abdecken und ein weiteres Backblech zum Beschweren daraufstellen, damit die Haut flach und gleichmäßig knusprig wird. Mit Backpapier und zweitem Blech im vorgeheizten Ofen bei 180 °C (Mitte) 25 bis 30 Minuten goldbraun rösten. Ab und zu nachsehen, damit die Haut nicht verbrennt. Wenn die Haut knusprig ist, herausnehmen und mit Küchenpapier trocken tupfen. Das Hähnchenfleisch einfrieren oder für eine Geflügelbrühe verwenden.
Zuerst die Steinpilze und den Pfeffer im Blitzhacker fein mahlen. Dann Salz und Hühnerhaut dazugeben und fein mahlen. Zum Schluss Knoblauch und Zwiebelpulver kurz untermixen und in ein Weckglas abfüllen.

Für Schwein, Geflügel, Gemüse

3 Kartoffelsalz

Zutaten für 1 Weckglas (à 200 ml): 300 g Kartoffelschalen | Pflanzenöl | 2 EL Panko (asiatische Semmelbrösel) | 100 g feines Meersalz

Backofen auf 165 °C vorheizen. Die Kartoffelschalen mit etwas Öl beträufeln und im Ofen (unten) 40 bis 45 Minuten goldbraun rösten.
Die Schalen auf Küchenpapier entfetten und abkühlen lassen. Im Blitzhacker mit den übrigen Zutaten fein mixen und in ein Weckglas abfüllen.

Für Kalb, Schwein, Geflügel, Gemüse

4 Basilikum-Limettensalz

Zutaten für 1 Weckglas (à 200 ml): 2 Bund Basilikum | 180 g grobes Meersalz | 2 TL abgeriebene Bio-Limettenschale | 1 EL Limettensaft

Das Basilikum waschen, trocken schütteln und die Blätter abzupfen. Basilikumblätter fein hacken und im Mörser mit dem Meersalz fein zerreiben. Die übrigen Zutaten dazugeben, fein zerreiben und die Masse dünn auf einem mit Backpapier ausgelegtem Backblech verteilen.
An einem trockenen, warmen Ort, z. B. über Nacht auf der Heizung oder im Backofen bei 40 bis 50 °C etwa 5 bis 6 Stunden trocknen lassen. Wenn alles gut trocken ist, das Basilikum-Limetten-Salz noch einmal kurz im Mörser zerreiben und in ein Weckglas abfüllen.

Für Geflügel, Kalb, Fisch und Meeresfrüchte, Gemüse

5 Thaicurrysalz

Zutaten für 1 Weckglas (à 200 ml): 6 Stiele Koriander | 180 g grobes Meersalz | 1–2 TL rote Currypaste | 1 TL abgeriebene Bio-Limettenschale | 1 EL Limettensaft

Den Koriander waschen, trocken schütteln und mit den Stielen fein hacken. Im Mörser mit dem Meersalz fein zerreiben. Die übrigen Zutaten dazugeben, fein zerreiben und die Masse dünn auf einem mit Backpapier ausgelegtem Backblech verteilen.
An einem trockenen, warmen Ort, z. B. über Nacht auf der Heizung oder im Backofen bei 40 bis 50 °C etwa 5 bis 6 Stunden trocknen lassen. Wenn alles gut trocken ist, das Thaicurrysalz noch einmal kurz im Mörser zerreiben und in ein Weckglas abfüllen.

Für Kalb, Geflügel, Fisch und Meeresfrüchte, Gemüse

Butter

Petersilienbutter mit geröstetem Knoblauch

Zutaten für 300 g: 1 Bund Petersilie | 250 g weiche Butter | 30 g Fried Garlic (aus dem Asienladen) | 1 TL abgeriebene Bio-Zitronenschale | Salz | Pfeffer aus der Mühle

Die Petersilie waschen und trocken schütteln. Die Blätter abzupfen und fein hacken. In einer kleinen Pfanne 1 EL Butter erhitzen, die Petersilie darin 1 Minute weich dünsten und abkühlen lassen.

Restliche Butter mit dem Handrührgerät schaumig aufschlagen. Petersilie und die übrigen Zutaten unterheben und mit Salz und Pfeffer würzen. Die Butter zur Rolle formen (siehe Tipp) oder in Keramikförmchen abfüllen und abdecken.

Für Rind, Kalb, Schwein, Fisch und Meeresfrüchte, Gemüse

Dukkahbutter

Zutaten für 300 g: 1 EL Haselnusskerne | 1 EL Cashewkerne | 1 EL helle Sesamsamen | 1 TL gemahlener Kreuzkümmel | 1 TL Koriandersamen | 1 TL schwarze Pfefferkörner | 1 TL edelsüßes Paprikapulver | ½ TL getrockneter Oregano | 250 g weiche Butter | Salz

Die Nüsse im Blitzhacker nicht zu fein zerkleinern. Mit dem Sesam in einer Pfanne ohne Fett goldbraun anrösten und abkühlen lassen, beiseitestellen. In derselben Pfanne Kreuzkümmel, Koriander und Pfeffer 1 Minute rösten und im Mörser fein zerstoßen. Nussmix und Gewürzmischung mit den restlichen Gewürzen mischen.

Die Butter mit dem Handrührgerät schaumig aufschlagen, die Nuss-Gewürz-Mischung unterrühren und mit Salz würzen. Die Butter zur Rolle formen (siehe Tipp) oder in Keramikförmchen abfüllen und abdecken.

Für Kalb, Geflügel, Lamm, Gemüse

Estragon-Meerrettich-Butter

Zutaten für 300 g: 200 ml Rote-Bete-Saft | ½ Bund Estragon | 250 g weiche Butter | 1 EL geriebener Meerrettich (aus dem Glas) | Salz | Pfeffer aus der Mühle

Den Rote-Bete-Saft in einem kleinen Topf bis auf 1 bis 2 EL sirupartig einkochen und abkühlen lassen. Den Estragon waschen und trocken schütteln. Die Blätter abzupfen und fein hacken.

Die Butter mit dem Handrührgerät schaumig aufschlagen. Rote-Bete-Sirup, Estragon und Meerrettich unterrühren und mit Salz und Pfeffer würzen. Die Butter zur Rolle formen (siehe Tipp) oder in Keramikförmchen abfüllen und abdecken.

Für Kalb, Geflügel, Fisch und Meeresfrüchte, Gemüse

Salbei-Marsala-Butter

Zutaten für 300 g: 200 ml Marsala | ½ Bund Salbei | 2–3 EL Pflanzenöl | 2 EL Pinienkerne | 250 g weiche Butter | 1 TL Bio-Zitronenschale | Salz | Pfeffer aus der Mühle

Marsala in einem kleinen Topf bis auf 1 bis 2 EL sirupartig einkochen und abkühlen lassen. Den Salbei waschen, trocken schütteln und die Blätter abzupfen. Das Öl in einer Pfanne erhitzen und die Salbeiblätter darin knusprig braten. Mit Küchenpapier trocken tupfen und fein hacken. Die Pinienkerne in einer Pfanne ohne Fett goldbraun rösten und fein hacken.

Die Butter mit dem Handrührgerät schaumig aufschlagen. Marsala, Salbei, Pinienkerne und abgeriebene Zitronenschale unterrühren und mit Salz und Pfeffer würzen. Die Butter zur Rolle formen (siehe Tipp) oder in Keramikförmchen abfüllen und abdecken.

Für Kalb, Schwein, Fisch und Meeresfrüchte

TIPP:

Ein etwa 40 x 20 cm großes Stück Frischhaltefolie auf die Arbeitsfläche legen. Auf dem unteren Drittel die Butter längs verteilen und von unten nach oben aufrollen. Ein paarmal mit einer Messerspitze einstechen, damit die Luft durch die Löcher entweichen können. Die Rolle in ein Stück Alufolie rollen und wie ein Bonbon an den Enden eindrehen. Im Kühlschrank 1 Stunde kalt stellen.

Saucen

5 Classic Currysauce

Zutaten für 500 ml:

* 2 Schalotten
* 1 Knoblauchzehe
* 1 EL Maiskeimöl
* 1 EL Rohrzucker
* 2 EL Tomatenmark
* 1 Zimtstange
* 1 EL Honig
* 2 TL Currypulver (z.B. Madras Currypulver)
* 1 TL edelsüßes Paprikapulver
* 75 ml Orangensaft
* 400 g passierte Tomaten (aus der Dose)
* Chilipulver
* Salz
* Pfeffer aus der Mühle

Schalotten und Knoblauch schälen und in feine Würfel schneiden. Öl in einem Topf erhitzen und Schalotten und Knoblauch darin bei mittlerer Hitze andünsten. Mit Zucker bestreuen, Tomatenmark dazugeben und 30 Sekunden anrösten. Zimtstange, Honig, Curry- und Paprikapulver hinzufügen und mit dem Orangensaft ablöschen. Dosentomaten dazugeben. Die Sauce mit geschlossenem Deckel auf die Hälfte einkochen. Zimtstange entfernen und die Sauce durch ein Sieb streichen. Nach Belieben mit Chilipulver, Salz und Pfeffer würzen. Die Sauce heiß in sterile Gläser abfüllen.

Für Schwein, Geflügel, gekühlt 2 Wochen haltbar

6 Ananas-Salsa

Zutaten für 500 ml:

* ½ reife Ananas
* 1 Tomate
* 1–2 Jalapeños
* 2 Frühlingszwiebeln
* 1 Bund Koriander oder Basilikum
* 3 EL Maiskeimöl
* 2 EL Apfelessig
* 1 EL Rohrzucker
* Salz
* Pfeffer aus der Mühle

Die Ananas großzügig schälen, den harten Strunk herausschneiden und das Fruchtfleisch in feine Würfel schneiden. Tomate und Jalapeños waschen, entkernen und fein würfeln. Die Frühlingszwiebeln waschen, putzen und in feine Ringe schneiden. Kräuter waschen, trocken schütteln und die Blätter abzupfen. Fein hacken und mit den übrigen Zutaten gut mischen. Mit Salz und Pfeffer abschmecken.

Für Kalb, Schwein, Geflügel, Fisch und Meeresfrüchte, Gemüse, gekühlt 4–5 Tage haltbar

Tipp:
Wen Sie die Ananas vor dem Kleinschneiden auf dem Grill einige Minuten anrösten, wird die Salsa noch aromatischer!

2 Chimichurri

Zutaten für 400 ml:

* 1 Bund Petersilie
* 1 Bund Koriander
* ½ Bund Oregano
* 3 Knoblauchzehen
* 100 ml Olivenöl
* 150 ml Maiskeimöl
* 2 EL Rotweinessig
* Salz
* Pfeffer aus der Mühle
* ¼ TL Chiliflocken

Kräuter waschen, trocken schütteln und die Blätter abzupfen. Knoblauch schälen und mit den beiden Ölen im Blitzhacker oder in der Küchenmaschine fein pürieren. Kräuter und Essig dazugeben und grob pürieren. Mit den übrigen Zutaten würzen.

Für Rind, Schwein, Geflügel, Gemüse, gekühlt 1 Woche haltbar

3 Sweet-Carolina-Sauce

Zutaten für 200 ml:

* 150 ml Ketchup
* 1 EL mittelscharfer Senf
* 1 TL Tabasco Chipotle
* 1 EL Honig
* 1 EL Worcestershiresauce
* 40 ml Apfelessig
* Salz
* Pfeffer aus der Mühle

Alle Zutaten miteinander verrühren und mit Salz und Pfeffer würzen.

Für Rind, Schwein, Geflügel, gekühlt 2 Wochen haltbar

1 Classic BBQ-Sauce

Zutaten für 600 ml:
* 400 ml Ketchup
* 100 ml Rübensirup
* 70 ml Apfelsaft
* 20 ml Apfelessig
* 1 EL Worcestershiresauce
* 1–2 TL Tabsaco Chipotle
* 10 g Classic BBQ-Rub (s. Seite 302)
* Pfeffer aus der Mühle

Alle Zutaten miteinander verrühren, mit Pfeffer würzen und in sterile Gläser abfüllen.

Für Rind, Kalb, Schwein, Geflügel, gekühlt 2 Wochen haltbar

4 Mango-Limetten-Salsa

Zutaten für 500 ml:
* 1 rote Paprika
* 1 reife Mango
* 1 rote Chilischote
* 3 Frühlingszwiebeln
* ½ Bund Koriander
* 2 EL Maiskeimöl
* 2 EL Reis- oder Weißweinessig
* 1 Msp. gemahlener Zimt
* 2 Msp. gemahlener Koriander
* Salz
* Limettensaft

Die Paprika auf dem Grill oder über einer Gasflamme einige Minuten rösten, bis die Haut schwarz wird. Die Haut abreiben, die Paprika längs halbieren, entkernen und fein würfeln. Die Mango schälen, auf den flachen Seiten vom Stein schneiden und fein würfeln.

Die Chilischote waschen, längs halbieren, entkernen und fein würfeln. Die Frühlingszwiebeln waschen, putzen und in feine Ringe schneiden. Koriander waschen, trocken schütteln und mit den Stielen fein hacken. Alles mit den übrigen Zutaten gut mischen und mit Salz und Limettensaft würzen.

Für Kalb, Schwein, Geflügel, Fisch und Meeresfrüchte, gekühlt 4–5 Tage haltbar

BBQ-Special

Asia-BBQ-Sauce

Zutaten für 500 ml:

* 5 g Ingwer
* 200 g Hoisin Sauce
* 250 g Ketchup
* 6 g Sriracha Sauce (scharfe Chilisauce)
* 1 EL helle Sojasauce
* 1 EL Reisessig
* 2 TL granuliertes Knoblauchpulver

Ingwer schälen und fein reiben. Mit den übrigen Zutaten verrühren und in sterile Gläser abfüllen.

Cherry-Chipotle-BBQ-Sauce

Zutaten für 500 ml:

* 120 g Sauerkirschen (aus dem Glas mit Saft)
* 150 ml Kirschsaft
* 60 g Kirschkonfitüre
* 250 g Ketchup
* 40 g Rübensirup
* 2 TL granuliertes Zwiebelpulver
* 2 TL granuliertes Knoblauchpulver
* 20 g Chipotle in Adobo (Online)
* Pfeffer aus der Mühle

Alle Zutaten in einem Topf 1 Minute aufkochen lassen, fein pürieren und noch heiß in sterile Gläser abfüllen.

Mustard-BBQ-Sauce

Zutaten für 500 ml:

* 100 g mittelscharfer Senf
* 50 g grober Senf
* 50 ml Ahornsirup
* 50 g Rübensirup
* 150 g Ketchup
* 30 g Apfelessig
* 70 ml Apfelsaft
* 1 EL Worcestershiresauce
* 1 TL Tabasco

Alle Zutaten miteinander verrühren und in sterile Gläser abfüllen.

Kansas City BBQ-Sauce:

Zutaten für 500 ml:

* ½ TL Cayennepfeffer
* ½ TL Pfeffer aus der Mühle
* 2 TL granuliertes Zwiebelpulver
* 1 TL granuliertes Knoblauchpulver
* 2 EL geräuchertes Paprikapulver
* ½ TL Salz
* 280 g Ketchup
* 50 g mittelscharfer Senf
* 60 ml Apfelessig
* 1 EL Worcestershiresauce
* 50 g Rübensirup
* 50 g Rohrzucker

Alle Zutaten in einem Topf kurz aufkochen lassen und noch heiß in sterile Gläser abfüllen.

Hawaii BBQ-Sauce

Zutaten für 500 ml:

* 500 ml Ananassaft
* 300 g Ketchup
* 20 ml helle Sojasauce
* 50 g Rübensirup
* 35 g Tamarindenpüree
* 1 TL granuliertes Knoblauchpulver
* 1 TL Sriracha Sauce (scharfe Chilisauce)

Den Ananassaft in einem kleinen Topf zum Kochen bringen und auf etwa 150 ml (ein Drittel) einkochen lassen. Mit den übrigen Zutaten erneut aufkochen und noch heiß in sterile Gläser abfüllen.

TIPP:

Die verschiedenen BBQ-Saucen sind für alle Fleischsorten geeignet. It's your choice !

Mayonnaisen

Grundrezept

Zutaten für 700 ml:

* 3–4 frische Eigelbe
* 1 EL Weißweinessig
* ½ TL Dijon-Senf
* 600 ml Maiskeimöl
* Salz

Eigelbe, Essig und Senf mit den Rührbesen des Handrührgeräts in einem hohen Rührbecher 30 Sekunden
schaumig schlagen. Das Öl in einem dünnen Strahl
langsam unterschlagen. Mit Salz würzen.

Für Kalb, Schwein, Geflügel, Gemüse

Wer will, kann statt gekaufter Mayonnaise eine
Basis für die folgenden Rezepte herstellen.

1 Trüffel-Mayonnaise:

Zutaten für 350 ml:

* 300 g Mayonnaise (selbst gemacht oder aus dem Glas)
* 20 ml Trüffelöl
* 1 EL glatte Petersilie fein gehackt
* Nach Belieben etwas fein gehackter Trüffel
* Salz
* Pfeffer aus der Mühle

Alle Zutaten miteinander verrühren und mit Salz und
Pfeffer würzen und sofort weiterverarbeiten.

Für Rind, Schwein, Geflügel, Gemüse

TIPP:

*Frisch zubereitete Mayonnaise
mit Ei sollte in 1–2 Tagen ver-
braucht werden. Gekaufte ist
bis zu 10 Tagen gekühlt haltbar!*

1

4

2 Kimchi-Mayonnaise:

Zutaten für 350 ml:

* 300 g Mayonnaise (selbst gemacht oder aus dem Glas)
* 1–2 EL Kimchimarinade (aus dem Asienladen)
* 1 EL Sesamöl
* 1 EL Limettensaft
* 1 TL geriebener Ingwer

Alle Zutaten miteinander verrühren und sofort weiterverarbeiten.

Für Rind, Schwein, Geflügel, Gemüse

3 Röstzwiebel-Mayonnaise

Zutaten für 400 ml:

* 300 g Mayonnaise
* 50 g Röstzwiebeln
* 1 TL Apfelessig
* 2 TL Ahornsirup
* Salz
* Cayennepfeffer

Alle Zutaten miteinander verrühren, mit Salz und Cayennepfeffer würzen und sofort weiterverarbeiten.

Für Kalb, Schwein, Geflügel, Gemüse

4 Dirty Mayonnaise:

Zutaten für 350 ml:

* 300 g Mayonnaise (selbst gemacht oder aus dem Glas)
* 1 TL Dijon-Senf
* 1 TL Rotweinessig
* 1 TL Worcestershiresauce
* 1 TL Tabasco Chipotle
* 1 TL getrockneter Oregano
* 1 TL edelsüßes Paprikapulver
* ½ TL Pfeffer aus der Mühle
* ½ TL granuliertes Knoblauchpulver
* ½ TL granuliertes Zwiebelpulver
* ¼ TL gemahler Koriander

Alle Zutaten miteinander verrühren und sofort weiterverarbeiten.

Für Rind, Schwein, Geflügel, Gemüse

Bourbon-Apfel-Glasur

Zutaten für 350 ml:
* 1 weiße Zwiebel
* 1 Apfel (Braeburn oder Boskop)
* 2 EL Butter
* 100 ml Bourbon Whiskey
* 80 ml Ahornsirup
* 400 ml Apfelsaft
* 50 ml Apfelessig
* 1 EL Pork-Rub (s. Seite 302)

Die Zwiebel und den Apfel schälen. Apfel entkernen und beides in kleine Würfel schneiden. Die Butter in einem Topf erhitzen, Zwiebel und Apfel darin einige Minuten goldbraun anbraten. Mit Whiskey, Ahornsirup, Apfelsaft und Essig ablöschen. Pork-Rub unterrühren.
Alles bei kleiner Hitze auf die Hälfte einkochen lassen. Mit einem Stabmixer pürieren und durch ein feines Sieb streichen. Mit dem Rub würzen. Sollte die Glasur noch zu dünnflüssig sein, noch etwas länger einkochen. Die Glasur heiß in sterile Gläser abfüllen.

Für Kalb, Schwein, Fisch, Gemüse

Glasuren

Hoisin-Ingwer-Glasur

Zutaten für 250 ml:
* 20 g Ingwer
* 2 Knoblauchzehen
* 100 g Aprikosenmarmelade
* 100 ml Hoisin Sauce
* 150 ml Geflügelbrühe
* 1 EL Zitronensaft
* ⅓ TL Szechuanpfeffer

Ingwer und Knoblauch schälen und fein hacken. Mit den übrigen Zutaten in einen Topf geben und sirupartig bei mittlerer Hitze einkochen lassen. Die Glasur heiß in sterile Gläser abfüllen.

Für Rind und Kalb, Schwein, Geflügel

Spicy-Cherry-Glasur

Zutaten für 300 ml

* 1 rote Peperoni
* 200 g Sauerkirschen (aus dem Glas; mit Saft)
* 50 g Kirschkonfitüre
* 2 EL Sojasauce
* 2 EL Ahornsirup
* 1 EL Texas-Chili-Rub (s. Seite 302)
* ½ TL feines Meersalz

Die Peperoni waschen, längs halbieren, entkernen und fein hacken. Die Kirschen und 200 ml Saft mit den übrigen Zutaten in einem Topf bei mittlerer Hitze zum Kochen bringen und sirupartig einkochen. Die Glasur heiß in sterile Gläser abfüllen.

Für Rind und Kalb, Schwein

Vegan-Umami-Glasur

Zutaten für 300 ml

* 1 weiße Zwiebel
* 2 Knoblauchzehen
* 2 EL Pflanzenöl
* 8 getrocknete Shiitake-Pilze
* 8 weiße Champignons
* 50 ml helle Sojasauce
* 50 ml Agavendicksaft
* 30 g helle Misopaste

Zwiebel und Knoblauch schälen und in kleine Würfel schneiden. Das Öl in einer Pfanne erhitzen, Zwiebel und Knoblauch darin 2 bis 3 Minuten goldbraun anbraten. Mit 300 ml Wasser ablöschen.
Die übrigen Zutaten bis auf Misopaste dazugeben, aufkochen und 15 bis 20 Minuten bei kleiner Hitze köcheln. Die Misopaste dazugeben und alles mit einem Stabmixer pürieren. Die Glasur anschließend durch ein feines Sieb streichen. Sollte die Glasur noch zu dünnflüssig sein, noch etwas länger einkochen. Die Glasur heiß in sterile Gläser abfüllen.

Für Gemüse (auch Rind, Schwein, Fisch)

Rubs

1 Classic BBQ-Rub

Zutaten für 700 g:

* 320 g grobes Meersalz
* 120 g brauner Rohrzucker
* 30 g edelsüßes Paprika-pulver
* 30 g geräuchertes Paprika-pulver
* 50 g grob gemahlener schwarzer Pfeffer
* 16 g granuliertes Knob-lauchpulver
* 16 g granuliertes Zwiebel-pulver
* 16 g Selleriesalz
* 8 g Cayennepfeffer

Alle Zutaten in ein Vorrats-glas füllen, fest verschlie-ßen und 30 Sekunden schütteln, bis alles gut gemischt ist. Für 500 g Fleisch benötigt man 2 bis 3 TL Rub.

Für Rind, Schwein, Geflügel

2 Texas-Chili-Rub

Zutaten für 350 g:

* 24 g schwarzer Pfeffer
* 12 g Kümmel
* 12 g gelbe Senfsamen
* 12 g Koriandersamen
* 150 g feines Meersalz
* 60 g brauner Rohrzucker
* 12 g geräuchertes Paprika-pulver
* 24 g Chilipulver
* 12 g granuliertes Knob-lauchpulver
* 12 g granuliertes Zwiebel-pulver
* 2 g getrockneter Oregano

Pfeffer, Kümmel, Senfkör-ner und Koriander in einer Pfanne ohne Fett 2 bis 3 Minuten anrösten, bis sie duften. Im Mörser oder im Blitzhacker fein mahlen. Abkühlen lassen und mit den übrigen Zutaten in ein Vorratsglas füllen. Fest verschließen und 30 Se-kunden schütteln, bis alles gut gemischt ist. Für 500 g Fleisch benötigt man 2 bis 3 TL Rub.

Für Rind, Schwein, Geflügel

3 Cajun-Rub

Zutaten für 300 g:

* 8 g schwarzer Pfeffer
* 15 g weißer Pfeffer
* 3–4 Lorbeerblätter
* 150 g feines Meersalz
* 40 g Rohrzucker
* 12 g granuliertes Knob-lauchpulver
* 12 g granuliertes Zwiebel-pulver
* 30 g edelsüßes Paprika-pulver
* 6 g Cayennepfeffer
* 2 g getrockneter Oregano
* 2 g getrockneter Thymian

Beide Pfeffersorten in einer Pfanne ohne Fett 1 bis 2 Minuten anrösten, bis sie duften. Im Blitzhacker mit dem Lorbeer mittelgrob mixen.
Abkühlen lassen und mit den übrigen Zutaten in ein Vorratsglas füllen. Fest verschließen und 30 Se-kunden schütteln, bis alles gut gemischt ist.
Für 500 g Fleisch oder Fisch benötigt man 2 bis 3 TL Rub.

Für Kalb, Schwein, Geflügel, Fisch und Meeresfrüchte

4 Pork-Rub

Zutaten für 400 g:

* 150 g feines Meersalz
* 100 g Rohrzucker
* 50 g edelsüßes Paprika-pulver
* 35 g granuliertes Zwiebel-pulver
* 35 g granuliertes Knob-lauchpulver
* 30 g Pfeffer aus der Mühle
* 15 g Senfpulver

Alle Zutaten in ein Vorrats-glas füllen, fest verschlie-ßen und 30 Sekunden schütteln, bis alles gut gemischt ist.
Für 500 g Fleisch benötigt man 2 bis 3 TL Rub.

Für Schwein

5 Fisch-Rub

Zutaten für 350 g:
* 180 g feines Meersalz
* 90 g Rohrzucker
* 20 g Pfeffer aus der Mühle
* 12 g granuliertes Zwiebelpulver
* 12 g Senfpulver
* 12 g Selleriesalz
* 2 g getrockneter Dill

Alle Zutaten in ein Vorratsglas füllen, fest verschließen und 30 Sekunden schütteln, bis alles gut gemischt ist.
Für 500 g Fischfilet benötigt man 2 bis 3 TL Rub.

Für Fisch und Meeresfrüchte

6 Sweet-Chili-Rub

Zutaten für 180 g:
* 4 Stängel Zitronengras
* 6 g schwarzer Pfeffer
* 6 g Koriandersamen
* 2 getrocknete Chilischote
* 30 g brauner Zucker
* 120 g feines Meersalz
* 6 g edelsüßes Paprikapulver
* 6 g gemahlener Ingwer
* 1 EL abgeriebene Bio-Limettenschale
* 1 TL abgeriebene Bio-Orangenschale

Vom Zitronengras 3 bis 4 harte, äußere Blätter entfernen und das Innere fein hacken. Pfeffer, Koriander und Chilischoten in einer Pfanne ohne Fett 1 bis 2 Minuten anrösten. Im Blitzhacker mit dem Zitronengras grob mahlen. Abkühlen lassen und mit den übrigen Zutaten in ein Vorratsglas füllen. Fest verschließen und 30 Sekunden schütteln, bis alles gut gemischt ist.
Für 500 g Fleisch oder Fisch benötigt man 2 bis 3 TL Rub.

Für Schwein, Geflügel, Fisch und Meeresfrüchte

7 Kaffee-Rub

Zutaten für 250 g:
* 120 g feines Meersalz
* 45 g Rohrzucker
* 25 g Instant-Kaffeepulver
* 15 g edelsüßes Paprikapulver
* 15 g Pfeffer aus der Mühle
* 6 g granuliertes Knoblauchpulver
* 3 g gemahlener Kreuzkümmel
* 3 g gemahlener Cayennepfeffer

Alle Zutaten in ein Vorratsglas füllen, fest verschließen und 30 Sekunden schütteln, bis alles gut gemischt ist.
Für 500 g Fleisch benötigt man 2 bis 3 TL Rub.

Für Rind und Kalb

8. Tee-Rub

Zutaten für 200 g:
* 8 g Oolong-Tee oder anderer Schwarztee
* 6 g Pfeffer aus der Mühle
* 12 g granuliertes Zwiebelpulver
* 6 g granuliertes Knoblauchpulver
* 2 TL Senfmehl
* 2 TL Instant-Kaffeepulver
* 20 g Rohrzucker
* 80 g feines Meersalz

Den Tee im Blitzhacker fein mahlen. Alle Zutaten in ein Vorratsglas füllen, fest verschließen und 30 Sekunden schütteln, bis alles gut gemischt ist.
Für 500 g Fleisch oder Fisch benötigt man 2 bis 3 TL Rub.

Für Ente, Fisch

BBQ-Pork-Mop

Zutaten für 600 ml:

* 125 g Rohrzucker
* 250 ml Apfelessig
* 1 EL Tabasco Chipotle
* 100 g Ketchup
* 1 TL edelsüßes Paprikapulver
* 1 TL Pfeffer aus der Mühle
* 1 TL Chiliflocken mild
* Salz

125 ml Wasser und Rohrzucker erhitzen, bis sich der Zucker auflöst. Die übrigen Zutaten dazugeben und mit Salz würzen. In ein steriles Glas abfüllen.
Während des Grillvorgangs den Mop bei indirekter Hitze auf dem Grill erwärmen. Fleisch nach und nach damit einpinseln, bis der Mop aufgebraucht ist.

Für Schwein wie z. B. Ribs oder Pulled Pork

Mops

Honig-Limetten-Mop

Zutaten für 400 ml:

* 2 rote Zwiebeln
* 3 Knoblauchzehen
* 1 rote Peperoni
* 2 Stängel Zitronengras
* 2 EL Maiskeimöl
* 3 EL Honig
* 400 ml Geflügelfond
* 1 TL abgeriebene Bio-Limettenschale
* Saft von 2 Bio-Limetten
* 2–3 Kaffir-Limettenblätter (aus dem Asienladen)
* 1 TL grobes Salz

Die Zwiebeln und den Knoblauch schälen und in feine Würfel schneiden. Die Peperoni waschen, längs halbieren, entkernen und fein hacken. Vom Zitronengras die äußeren Schichten entfernen. Das Innere in feine Ringe schneiden.
Das Öl in einem Topf erhitzen und die vorbereiteten Zutaten darin 2 bis 3 Minuten anschwitzen. Die übrigen Zutaten dazugeben, aufkochen und bei mittlerer Hitze 3 bis 4 Minuten köcheln lassen. Den Mop noch heiß in sterile Gläser abfüllen.
Während des Grillvorgangs den Mop bei indirekter Hitze auf dem Grill erwärmen. Fleisch oder Gemüse nach und nach damit einpinseln, bis der Mop aufgebraucht ist.

Für Schwein, Geflügel, Gemüse

Malzbier-Mop

Zutaten für 400 ml:

* 1 weiße Zwiebel
* 60 g Ingwer
* 1 rote Peperoni
* 2 EL Maiskeimöl
* 200 ml Malzbier
* 200 ml Geflügelbrühe
* 1 EL Zuckerrübensirup
* 1 EL Instant-Kaffee
* 1 TL gemahlener Koriander
* ½ TL grobes Salz

Zwiebel und Ingwer schälen und in fein hacken. Peperoni waschen, längs halbieren, entkernen und ebenfalls fein hacken.
Das Öl in einem Topf erhitzen. Zwiebeln, Ingwer und Peperoni darin 2 bis 3 Minuten anschwitzen. Die übrigen Zutaten dazugeben, aufkochen und bei mittlerer Hitze 3 bis 4 Minuten mitköcheln. Den Mop noch heiß in sterile Gläser abfüllen.
Während des Grillvorgangs den Mop bei indirekter Hitze auf dem Grill erwärmen. Fleisch nach und nach damit einpinseln, bis der Mop aufgebraucht ist.

Für Rind und Kalb, Schwein

Pflaumen-Mop

Zutaten für 400 ml:

* 50 g Ingwer
* 2 Knoblauchzehen
* 1 rote Peperoni
* 2 EL Maiskeimöl
* 50 g Trockenpflaumen, grob gehackt
* 200 ml Pflaumensaft
* 200 ml Geflügelfond
* ½ TL grobes Salz
* ½ TL Pfeffer aus der Mühle

Ingwer und Knoblauch schälen und in fein hacken. Peperoni waschen, längs halbieren, entkernen und ebenfalls fein hacken.
Das Öl in einem Topf erhitzen. Ingwer und Peperoni darin 2 bis 3 Minuten anschwitzen. Die übrigen Zutaten dazugeben, aufkochen und bei mittlerer Hitze 3 bis 4 Minuten köcheln lassen. Vom Herd nehmen und mit einem Stabmixer pürieren. Den Mop noch heiß in sterile Gläser abfüllen.
Während des Grillvorgangs den Mop bei indirekter Hitze auf dem Grill erwärmen. Fleisch nach und nach damit einpinseln, bis der Mop aufgebraucht ist.

Für Kalb, Schwein

Marinaden

Marinade für Fisch und Gemüse

Zutaten für 200 ml:

* 4 Zweige Zitronenthymian
* 4 Stiele Liebstöckel
* 4 Zweige Rosmarin
* 2 Schalotten
* 4 Streifen Bio-Zitronenschale
* 4 Knoblauchzehen
* 150 ml Maiskeimöl
* ½ TL Pfeffer aus der Mühle
* 1 TL feines Meersalz

Die Kräuter waschen und trocken schütteln. Die Kräuterblättchen und Rosmarinnadeln abzupfen. Schalotten schälen und grob klein schneiden. Alle Zutaten in einer Küchenmaschine 5 Sekunden gut durchmixen.

Marinade für Geflügel

Zutaten für 600 ml:

* 500 ml Buttermilch
* 1 EL granuliertes Knoblauchpulver
* 1 EL granuliertes Zwiebelpulver
* 1 EL edelsüßes Paprikapulver
* 1 TL Cayennepfeffer
* 1 TL Selleriesalz
* 1 TL Pfeffer aus der Mühle
* 1 TL Oregano getrocknet
* 1 TL Salz
* Saft ½ Zitrone

Alle Zutaten in einer Küchenmaschine 5 Sekunden gut durchmixen.

Marinade für Steaks & Rind

Zutaten für 400 ml:

* 1 weiße Zwiebel
* 250 ml Malzbier
* 50 ml Worcestershiresauce
* 1 TL Instant-Kaffeepulver
* 1 TL geräuchertes Paprikapulver
* 1 TL dänisches Räuchersalz
* 1 TL Pfeffer aus der Mühle
* 1 TL Salz

Die Zwiebel schälen und grob hacken. Alle Zutaten in der Küchenmaschine 5 Sekunden gut durchmixen.

Marinade für Schwein

Zutaten für 400 ml:

* 1 weiße Zwiebel
* 2 Knoblauchzehen
* 1 EL Koriandersamen
* 1 TL gelbe Senfsamen
* 1 Lorbeerblatt
* 3 Wacholderbeeren
* 80 ml Ahornsirup
* 1 TL Rohrzucker
* 1 TL Salz

Zwiebel und Knoblauch schälen und grob hacken. Alle Zutaten mit 220 ml Wasser in der Küchenmaschine 5 Sekunden gut durchmixen.

REGISTER

IMPRESSUM

© 2021 ZS Verlag GmbH
Kaiserstraße 14 b
D-80801 München

ISBN 978-3-96584-130-7
1. Auflage 2021

Projektleitung: Stella Paschen
Rezepte und Texte: Michael Koch
Grafische Gestaltung und Satz: Alessandro Serafino
Illustrationen: Irene Schulz
Lektorat: Margarethe Brunner
Fotografie: Katrin Winner (weitere Fotografen siehe Bildnachweis)
Foodstyling: Michael Koch
Herstellung: Frank Jansen
Producing: Jan Russok
Druck & Bindung: aprinta druck GmbH, Wemding

Kurze Wege schonen die Umwelt
Dieses Buch wurde in Deutschland gedruckt

ZS – Ein Verlag der Edel Verlagsgruppe
www.zsverlag.de | www.facebook.com/zsverlag

Bildnachweis:
Benno Sellin: S. 3; 73; 153; 154; 155; 157; 161; 162; 163; 167; 168; 169; 189; 191
Mathias Neubauer: S. 39; 79; 81; 87; 89; 109; 123; 143; 165; 187; 199; 203; 259; 277; 281
Freepik.com/Janniwet: Coverfoto
Freepik.com/Olegback: S. 16
Freepik.com/Kireyonok_Yuliya: S. 17
Freepik.com/Glenkar: S. 45
Shutterstock/Paul Kovaloff: S. 10-15
iStock/iconeer: S. 8-9